Inhaltsverzeichnis

Vorbemerkungen

Liebe Kolleginnen und Kollegen,

das Zeitalter der Entdeckungen zu Beginn der Neuzeit ist für Schülerinnen und Schüler ein äußerst spannender Geschichtsabschnitt. Seit jeher werden Abenteuergeschichten und Seemannsgarn mit den Gefahren der Seefahrt in Verbindung gebracht. Und nicht erst seit dem Film „Titanic“ begeistern Erlebnisberichte und Einzelschicksale auf hoher See uns und unsere Klassen. Dabei faszinieren die unbekannten Meere und die Ereignisse der unberechenbaren Naturkräfte. So wird auch in diesem Heft das narrative Element genutzt, um die gegebene Situation motivierend zu veranschaulichen. Dabei werden die Schülerinnen und Schüler eingeladen, sich in die Zeit und die damaligen Umstände der europäischen Entdecker der frühen Neuzeit hineinzuversetzen und als kritische Mitreisende die Motive und Folgen zu beurteilen. So werden sie zu eigenen „Entdeckern der Vergangenheit“ und gelangen durch das Erforschen der Hintergründe zur Erschließung der historischen Komplexität.

In diesem Heft werden zunächst die Diskussionen um die unterschiedlichen Weltbilder aufgezeigt, wobei die Stellung der Kirche und ihre Machtposition deutlich herausgestellt wird, um einen Einblick in das Leben und Denken der damaligen Wissenschaftler und Forscher zu geben. Anschließend richtet sich das Augenmerk auf die technischen Veränderungen der Schifffahrt und auf authentische Erlebnisse an Bord. Hierbei stehen die spanischen und portugiesischen Seefahrer und die aus den Entdeckerfahrten entstandene Konquista im Mittelpunkt der Betrachtungen. Die erarbeiteten Grundlagen wie z. B. die Gefahren auf hoher See und die Gründe der Fahrten können anhand eines Würfelspieles vertieft werden, das sich in der Heftmitte befindet. Desweiteren wird auf die erfolgreichen Seefahrer, die als Nationalhelden geehrt wurden, nur am Rande eingegangen. Den Schwerpunkt bildet die aus den Entdeckerfahrten entstandenen Konquista in Südamerika. Dabei wird der Untergang des Aztekenreiches als ein Beispiel gesondert aufgeführt. Vorab wird die fremde Kultur der Azteken eingeführt und deren Religion und Alltagsleben vorgestellt. Hierzu finden Sie ergänzendes Bastelmaterial mit Anleitung und Ausschneidebögen für die Erstellung einer Tempelanlage im Schlussteil des Heftes.
Durch die intensive Beschäftigung mit diesem Thema wird den Schülerinnen und Schülern nicht nur vielfältiges Wissen vermittelt. Darüber hinaus werden allgemeine Unterrichts- und Erziehungsziele wie Einfühlungsvermögen und Toleranzbildung ermöglicht, die auch zu einem komplexeren und objektiveren Geschichtsverständnis führen.
Hierzu eignet sich auch die abschließende Beschäftigung mit den unmittelbaren und gegenwartsrelevanten Folgen wie Sklaverei, Dreieckshandel, Kolonialisierung.

Ich wünsche Ihnen und Ihren Lerngruppen viel Spaß und Erfolg bei der Arbeit mit diesem Unterrichtsmaterial.

Gisa Kirstein

Die Erde ist eine Scheibe

Die Bibel lehrte, dass die Erde nach der Sintflut unter den drei Söhnen Noahs (Ham, Sem und Japhet) aufgeteilt wurde. Ihnen entsprachen die drei damals bekannten Erdteile: Abendland = Europa, Süd- und Mittagsland = Afrika und Morgenland = Asien.
Im Abendland hatte man folgende Vorstellung:
Die Erde ist eine Scheibe, im Mittelpunkt von Gottes Schöpfung gelegen, und die Menschen wohnen auf ihr: im Abendland die Christen, im Morgenland, in Afrika und im fernen Asien die Heiden, die Götzenanbeter.
Sie glaubten, dass sich hinter dem Rand der Scheibe das Jenseits befinde. Wenn man über den Rand hinaus kommt, falle man von der Scheibe und lande in der dunklen, brodelnden Hölle. Dort lebe der böse, hinterlistige Teufel mit seinem Gefolge. Von hier kehre niemand zurück.
Hinter dem Himmelsgewölbe vermutete man ein großes Räderwerk, das geheimnisvoll die Gestirne am Himmel bewege. Gottes Sonne erhebe sich im Randmeer des Ostens, wandere über allen dahin und versinke wieder im Ozean des Westens. Nachts leuchteten die übrigen Himmelslichter die riesige Glocke an, die Gott über dem Erdreich gewölbt hatte.

Aufgaben:

1. Erkläre die Begriffe „Abendland", „Mittagsland" und „Morgenland".
2. Beschreibe die Gestalt der Erde anhand des Bildes!
3. Notiere in Stichpunkten deine Vermutungen über die Gefahren und Sorgen der Seefahrer.
4. Zeichne das Bild nach den Angaben im Text zu Ende.

BVK LA 10 • Gisa Kirstein: Leben und Alltag im Zeitalter der Entdeckungen

Die zentrale Frage – Sonne oder Erde?

Info:

Griechische Naturforscher hatten bereits in der Zeit vor Christi Geburt erkannt, dass die Erde eine Kugel ist. Sie dachten, dass die Erde (griech. = geo) der Mittelpunkt (= Zentrum) des Weltalls sei und die Sonne und alle Sterne um sie kreisen. Dieses Weltbild nennt man geozentrisches Weltbild. Nikolaus Kopernikus (1473 - 1543) bewies das Gegenteil. Nach seinen Erkenntnissen war nicht die Erde, sondern die Sonne (griech. = helio) der Mittelpunkt des Weltalls und die Erde und alle anderen Gestirne umkreisen sie (= heliozentrisches Weltbild). Die Astronomen Johannes Kepler (1571 - 1630) und Galileo Galilei (1564 - 1642) erweiterten später das „kopernikanische Weltbild“.

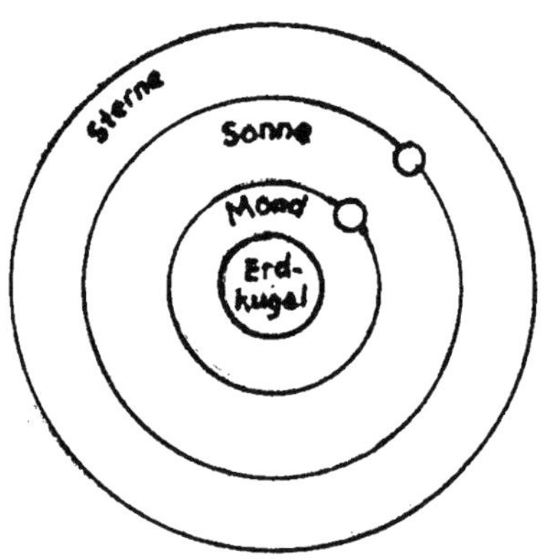

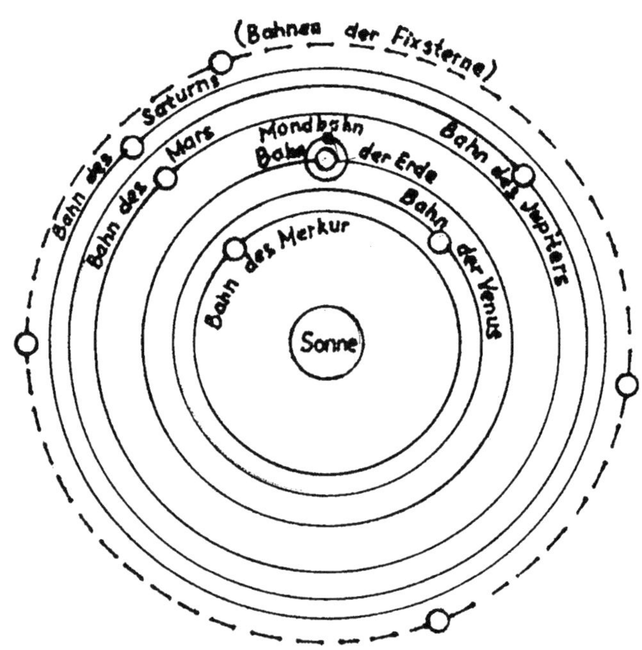

______________________ ______________________

Aufgaben:
1. Erkläre die Begriffe „heliozentrisches Weltbild“ und „geozentrisches Weltbild“.
2. Notiere unter die Bilder den richtigen Fachbegriff!
3. Unser Weltbild:
a) Welche Planeten gehören zu unserem Weltbild?
b) Male das heutige Weltbild auf ein Extrablatt.
c) Wähle einen Planeten unseres Sonnensystems aus und erkundige dich in der Bibliotheknach seinen Besonderheiten (Größe, Entfernung von der Erde ...) . Stelle deine Ergebnisse in einem kurzen Vortrag der Klasse vor.

BVK LA 10 • Gisa Kirstein: Leben und Alltag im Zeitalter der Entdeckungen

Glaube contra Wissenschaft

Info:
Das Leben der Menschen im Mittelalter wurde hauptsächlich durch die Kirche bestimmt. Zum zentralen Glaubensinhalt gehörte die Schöpfungsgeschichte, in der die Erschaffung der Menschen als Höhepunkt des Werkes Gottes angesehen wurde. Daraus folgerte die Kirche, dass auch die Erde das Wichtigste und damit der Mittelpunkt des Weltalls sei. Alle anderen Meinungen sah sie als Kritik an biblischen Inhalten und als Angriff gegen Glaubensfragen und Gottes Werk an.
Einige Naturforscher, die das Weltbild erforschten, wurden damals für ungläubig erklärt und mit harten Strafen versehen. Johannes Kepler wurde vom lutheranischen Kirchenrat die Teilnahme am Abendmahl untersagt.
Der Kirche zu widersprechen war gefährlich. Dennoch trauten sich Einzelne die naturwissenschaftlichen Erkenntnisse weiter zu vertiefen.

Der italienische Dominikaner Giordano Bruno floh mit 28 Jahren aus dem Kloster. Er nahm das neue Weltbild begeistert auf und entwickelte es philosophisch[1] weiter. Für ihn war das Universum ein endloser Raum ohne Grenzen und mit zahlreichen Welten und unzähligen Wesen: „Offenbar töricht ist doch wie der gemeine Pöbel zu meinen, es gebe keine anderen Geschöpfe, keinen anderen Sinn und keinen andern Verstand als allein die uns bekannten." (Hans Hubschmid: Weltgeschichte Band 3, Die Neuzeit, Stuttgart 1961, S. 128)

Nach seiner Flucht schrieb er 1586 in einer Pariser Disputation über seine „Forschungsinhalte". Er wurde daraufhin des Landes verwiesen und im lutherischen Deutschland exkommuniziert (aus der Kirche verbannt). Nun zog er zurück nach Italien, wo er durch die Inquisition (ein geistliches Gericht der kath. Kirche zur Reinerhaltung des Glaubens) verhaftet wurde. Es begann ein sechs Jahre dauernder Prozess um ihn zum Widerruf seiner Philosophie zu bewegen. Doch Bruno hielt an seinen Äußerungen fest – im Jahre 1600 wurde er als „rückfälliger Ketzer" in Rom verbrannt.

[1] Das griechische Wort „Philosophie" bedeutet „Liebe zur Weisheit". Die Philosophie sucht Antworten auf Fragen wie: „Was ist der Ursprung aller Dinge?", „Was bin ich?", „Was soll ich tun?", „Was ist der Sinn des Lebens?" usw.

Aufgaben:
1. Nimm Stellung zu der damaligen Äußerung „Die Kirche hat die Macht". Belege deine Meinung durch bekannte Beispiele (z. B. Martin Luther, Giordano Bruno ...)
2. Warum reagierte die Kirche so massiv gegen die „Forscher"?
3. Bruno glaubte an Leben außerhalb der Erde:
a) Schreibe die Philosophie Brunos als Geschichte auf. (Eines Tages werden die Geschöpfe der anderen Welten sich treffen ...)
b) Male ein Bild (gestalte einen Comic) zu der Philosophie von Bruno mit der Überschrift „Außerirdische landen auf dem Schulhof". (Achte auf die Sprache, das äußere Erscheinungsbild ...)

Ungeheuerliche Erzählungen der Seefahrer

Info:
Zunächst wagten sich die Seeleute nur entlang der Küsten zu fahren, da sie sich vor Gefahren der offenen See fürchteten.
Als die Portugiesen im 15. Jh. die Küste Afrikas erforschten, glaubten sie, dass die Sonne am Äquator sie kohlrabenschwarz werden lässt und das Wasser des Meeres zum Kochen bringt.
Lange hielten sich Gerüchte von einem grünen Meer der Finsternis, einem Sumpf voller Seeschlangen. Es wurde von Drachen berichtet, die selbst große Schiffe verschlingen konnten. Diese Ungeheuer kamen und verschwanden im Nebel, brachten Schiffe zum Kentern und verspeisten Seeleute.
Aller Wahrscheinlichkeit nach haben die Seefahrer im Wasser lebende Säugetiere wie z. B. den 15 m langen Buckelwal, der vor den Kanaren lebt, gesichtet und durch „Spinnen von Seemannsgarn" die gefährlichsten Gestalten erfunden.

... Wir blickten zum Horizont. Plötzlich tauchte wie aus dem Nichts ein riesiges rauhhäutiges Geschöpf neben uns auf. Es war so lang wie unsere Karavelle (Schiffsart), hatte drei Sirenen (= Hälse) und Köpfe so groß wie die einer Kuh. An den borstenbesetzten Schnauzen befanden sich jeweils zwei große Nüstern, aus denen sie im hohen Bogen Wasser spuckten. Sie trugen lange Hörner und öffneten mit einem ohrenbetäubenden Ruf ihre Mäuler. Dann gingen sie im Meer unter und streckten ihren paddelförmigen Schwanz in die Höhe. Ihr Körper war glänzend wie Bernstein ... .

Aufgabe:
Male in das Bild ein Ungeheuer, wie es von dem Matrosen beschrieben wird.

BVK LA 10 • Gisa Kirstein: Leben und Alltag im Zeitalter der Entdeckungen

Der erste Globus verändert die Vorstellung der Erde

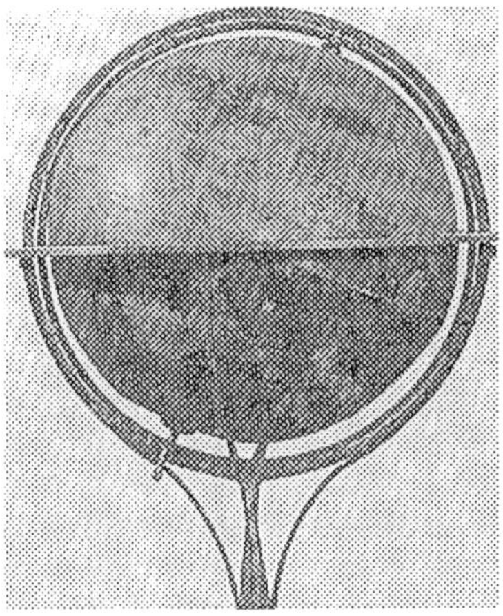

Die Gelehrten forschten weiter und lasen nun auch die Bücher der morgenländischen und arabischen Erd- und Himmelsforscher. Sie fanden dabei heraus, dass die Erde eine Kugel, ein großer und mächtiger Ball ist.
Der Erdball ist von Sonne, Mond und Sternen umgeben. Auf diesen Erkenntnissen beruhend, fertigte der Nürnberger Adelsherr Martin Behaim einen Globus mit allen bis dahin bekannten Ländern, Meeren und Inseln.
So wollte z. B. Kolumbus Indien auf dem westlichen Seeweg erreichen. Er wusste nicht, dass sich westlich von Europa ein bis dahin unbekannter Kontinent befindet, der sein Ziel veränderte.

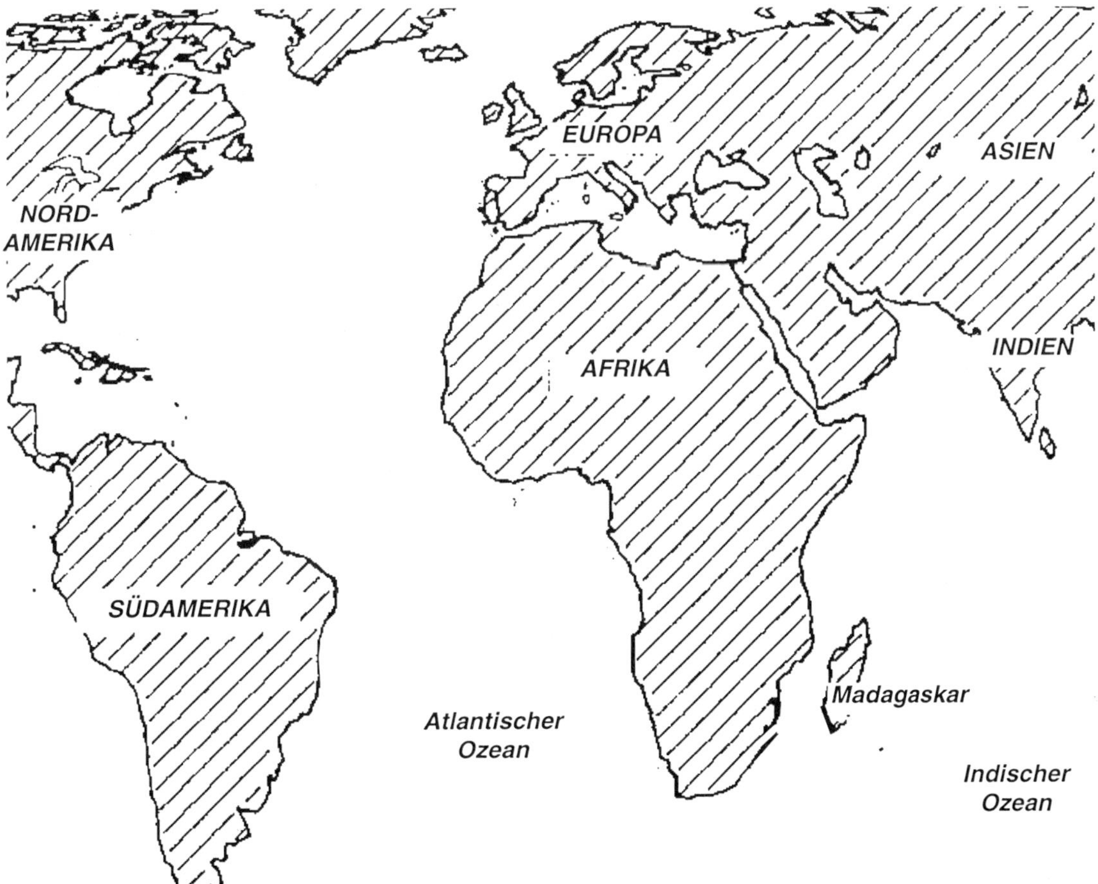

Aufgaben:
1. **Markiere den für Kolumbus unbekannten Kontinent in der Weltkarte rot.**
2. **Ergänze dein Wissen über die Erde. Trage Folgendes in die Karte ein:**
a) Male die übrigen Kontinente mit verschiedenen Farben aus und schreibe deren Namen dazu.
b) Benenne die Weltmeere.

Marco Polo lüftet das seidige Geheimnis des Morgenlandes

Info:
Im Alter von 17 Jahren brach Marco Polo mit seinem Vater und Onkel, beides angesehene venezianische Kaufleute, in das Land des Großkhans auf. Dort lernte Marco die hoch entwickelte Kultur des Morgenlandes lieben und schätzen. Nach seiner Rückkehr ließ er einen prunkvollen Palast in Corte del Milione errichten und erzählte seine Erlebnisse den interessierten Europäern.

Marco Polo berichtete über das bunte Treiben auf dem Markt und die wertvollen Waren: ... Sie trinken Tee aus zerbrechlichem Geschirr, dem Porzellan. Gehandelt werden Edelsteine wie Smaragde, Saphire, Rubine und Perlen. Aus dem Schmuckstein Jade fertigen sie kunstvolle Figuren. Aber auch Lackdosen und Teppiche werden gehandelt und überall lockt der Duft der Gewürze. Getauscht werden auch Reis gegen die Gewürze (Pfeffer, Zimt, Nelken ...) oder gegen Goldfische oder gegen die Heilwurzel Ginseng". Dann zog er ein rotes, golddurchwirktes Tuch aus seiner Tasche – ein feines Seidentuch:

„Seide wird weder von Schafen, Ziegen oder anderen behaarten Tieren hergestellt noch wird sie wie unsere Wolle von Bäumen, Sträuchern oder anderen Pflanzen gewonnen. Alleine eine Raupe ist der Ursprung. Sie lebt in Kathai und frisst die Blätter des Maulbeerbaumes, den es im Abendland nicht gibt (1). Die Kathaier (Bewohner von Kathai) umsorgen und pflegen diese Raupen in besonderen Raupenkästen und geben ihnen täglich frische Blätter (2). Des nachts hält ein Familienmitglied Wache, damit keine ausreißt. Wenn sie groß und ausgewachsen sind, dann werden sie von den Frauen gegen das Licht gehalten (3). Sind sie durchscheinend, so liegt der Zeitpunkt nahe, dass sie sich einspinnen. Dann wird die Raupe auf ein Stück Papier gelegt. Dort liegt das Tier und hüllt sich in ein zartes Fadengespinst. Das ist der Kokon. In ihm wandelt sich die Raupe zu einem Schmetterling, dem Seidenspinner. Es werden nur soviele schlüpfen, wie man zur Nachzucht braucht. Die anderen Kokons (Hülle aus Spinnfäden) werden mit heißem Dampf erhitzt, so dass die Tiere sterben. Dann entfernt man die äußere Fadenschicht durch Schlagen mit einem kleinen Besen (4). Nun kann man das Gespinst auflösen. Es besteht aus einem langen Faden, der bis zu 400 Schritte lang sein kann. Die gebürsteten Kokons werden mit einer Haspel gedreht und gezwirnt und zu einem Seidengarn gespult. So entsteht die Rohseide, die je nach Art des Futters weißlich, gelb, oder auch orange und grünlich sein kann. Ein Pfund Garn gewinnt man aus 7 - 9 Pfund getrockneten Kokons.

Tausende von Karawanen fahren jährlich die Rohseide aus dem Lande heraus. Die große Straße, von der die Kaufleute aus dem Abendland ins Morgenland fahren, heißt daher `Seidenstraße´. Die Kathaier wahren ihr Geheimnis und strafen jeden mit dem Tode, der versucht Raupen oder Eier aus dem Lande zu schmuggeln.

Aufgaben:
1. Erkläre die Gewinnung der Rohseide anhand der Bilder.
2. Warum galt Seide in Europa als etwas Wertvolles?
3. Warum stand auf Ausfuhr von Raupen und Eiern die Todesstrafe?
4. Suche im Altas! Wo liegt Kathar? Wie weit liegt es von Deutschland entfernt (Luftlinie)? Wie kann man heute Kathar erreichen?

Der asiatische Handelsraum vor dem 15. Jahrhundert

Info:
Reiche Europäer konnten sich damals die Waren aus Asien leisten, die man hauptsächlich in folgenden Gebieten fand:

Heutige Staaten	Waren
Jemen / Oman	Gewürze, Duftstoffe
Türkei (Nähe Konstantinopel)	Teppiche
Ostirak/Westiran	Teppiche, Seide
Indien	Diamanten, Pfeffer, Indigo, Baumwolle
Ceylon / Sri Lanka	Zimt
China (Nähe Peking)	Seide
Ostchina (Nähe Kanton)	Seide, Porzellan
Kambodscha	Edelsteine
Birma/Laos	Elfenbein, Baumwolle, Edelsteine
Indonesien (Sumatra)	Pfeffer
Indonesien (Borneo)	Pfeffer, Diamanten

Aufgabe:
Trage die Waren durch Symbole in die Karte ein. Erstelle eine Legende am Kartenrand.

BVK LA 10 • Gisa Kirstein: Leben und Alltag im Zeitalter der Entdeckungen

Nautische Veränderungen begünstigen die Schifffahrt

Quadrant

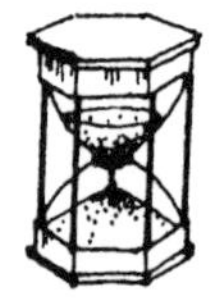

Sanduhr

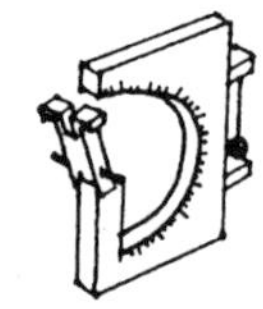

Oktant

Kompass

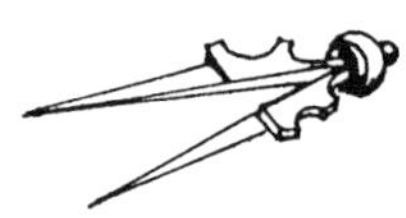

Messzirkel

Lot

Dieses Gerät ist ein Geschwindigkeitsmesser für Schiffe. Man ließ ein Holzstück vom Bug zum Heck treiben und stoppte die Zeit, indem man die Knoten in der Leine zählte und mit der Zeit verglich. (__________)

Die Uhren wurden jede halbe Stunde umgedreht. Die Zeit wird heute noch in der Seemannssprache mit „Glasen" angegeben. (__________)

Mit diesem Viertelkreis misst man die Winkel der Sterne. (__________)

Mit diesem Gerät konnte man später die Winkelbemessung der Sterne genauer durchführen. (__________)

In diesem Gerät ist eine Nadel, die die Richtung des magnetischen Nordpols anzeigt. (__________)

Auf Karten konnte man hiermit Strecken abmessen und auch Winkel zeichnen.

Aufgaben:
1. Notiere hinter die Erklärungen die oben angegebenen Geräte.
2. Welche Folgen konnte eine ungenaue Berechnung für die Seefahrer haben?
3. Welche technischen Möglichkeiten benutzen die Seefahrer heute?
4. Heute kann man das Gradnetz für eine exakte Ortsbestimmung nutzen. Bestimme folgende Orte (mit Hilfe der Längen- und Breitengrade). Benutze den Atlas:
Berlin - Peking - Mexiko - Kap der Guten Hoffnung

BVK LA 10 • Gisa Kirstein: Leben und Alltag im Zeitalter der Entdeckungen

Portugal wagt den Weg nach Süden

Info:
Die Araber ließen die Kanäle vom Roten Meer ins Mittelmeer versanden und hatten somit die Monopolstellung im Handel zwischen Asien und Europa. Sie konnten als Zwischenhändler die Preise für Waren aus Asien bestimmen und große Gewinne erzielen. Für einen Zentner Pfeffer, den sie aus Indien einkauften, verlangten sie auf dem Markt von Alexandrien den 20-fachen Preis.
Die Portugiesen wollten teilhaben am gewinnbringenden Orienthandel und suchten eine neue Verbindung nach Asien über den schwarzen Kontinent. Prinz Heinrich der Seefahrer (1394 - 1450), ein portugiesischer Königssohn, veranlasste nach der Eroberung von Ceuta im Jahre 1415 weitere Expeditionen entlang der afrikanischen Westküste.

Während man sich Jahre lang nur traute, bis zum Kap Bojador zu segeln, wagte sich 1416 Gonzalo Velho bis zum Kap Nun vor. Gil Eanes segelte 1434 um das Schreckenskap herum. Unter der Leitung von Baldaya erreichte man 1436 die Mündung des Flusses Rio de Oro (Goldfluss). Fünf Jahre später befuhr Tristan Nunez diesen Fluss südwärts und fing 14 Schwarzafrikaner ein, die nach der Heimkehr als Beuteobjekt dem Prinzen Heinrich übergeben würden. Dieser ließ sie als Sklaven in Lissabon verkaufen. So begann die „Jagd nach der schwarzen Beute“, die über Jahrhunderte andauerte. Prinz Heinrich ließ sich vom Papst die Fahrten zur afrikanischen Küste als Kreuzzüge bestätigen und erwarb von der spanischen Krone die Monopolstellung für den Sklavenhandel. 1443 legte Tristan Nunez bei Kap Blanco und 1444 bei Kap Verde an.

Aufgaben:
1. Trage die verschiedenen Südreisen in die Karte ein.
2. Nach den gefährlichen Reisen kehrte die Schiffsbesatzung als Helden gefeiert zurück. Dabei erzählten sie gerne von den wilden Meeren und den unbekannten Ländern. Nicht selten übertrieben sie ihre Äußerungen und erzählten heldenhafte Geschichten, so genanntes „Seemannsgarn“. Überlege dir eine spannende Geschichte, die auf hoher See stattgefunden haben könnte und schreibe sie auf. Vielleicht kannst du sie auch später vorspielen (Seeungeheuer, gefährliche Stürme, unbekannte Menschen ...).

An Bord eines Sklavenschiffes

Info:
Zwischen 1510 und 1800 wurden insgesamt 11 Millionen Afrikaner als Skaven nach Lateinamerika verschifft. Während der Seereisen von Afrika nach Amerika starben schätzungsweise 1.870.000 Afrikaner.

Über die Bedingungen an Bord eines Sklavenschiffes berichtet ein Matrose:
„Die in Ketten gelegten Schwarzen wurden mit Hieben und Tritten in das kleine Schiff getrieben. Dort hatten sie die Fahrt über unter Deck zu bleiben. Wir ließen uns den Wind um die Nase wehen und waren froh, denn schon bald drang ein fürchterlicher Gestank aus dem Sklavenbehälter. Die Schwarzen lagen wie eingelegte Heringe in dem dunklen Kasten. Einige vertrugen den Seegang nicht und mussten sich häufig übergeben, andere verspürten neben der Seekrankheit Durst oder hatten den Wunsch sich zu reinigen oder die Notdurft zu verrichten. Alle Bedürfnisse mussten unter Deck gestillt werden. Zu essen bekamen sie jeden Tag einen Korb mit alten Fischen, die frische und gesunde Nahrung nahm die Besatzung ein, denn wir mussten auf dem Schiff hart arbeiten und brauchten viel Kraft um das überladene Handelsschiff sicher über das Meer zu führen. Ein Fässchen Wasser wurde den Schwarzen am Tag gereicht. Wasser war auf dem Schiff rar, wir mussten sparsam damit umgehen.

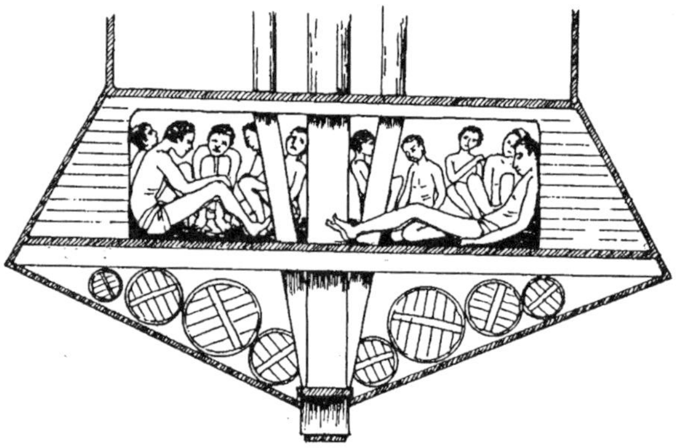

Bald schon konnten wir neben einem übelriechenden Gestank auch das Stöhnen und Keuchen der Kranken und Sterbenden vernehmen. Tag und Nacht drang es aus dem Behälter.
Die Hälfte der Ware war gegen Ende der Reise verendet. Mit den Überlebenden machten wir noch so viel Geld, dass sich die Reise lohnte. Alle Matrosen bekamen einen großzügigen Anteil an der Beute. ..."

Aufgaben:
1. Warum starben auf der Fahrt so viele Sklaven?
2. Nimm Stellung zu den Verhältnissen an Bord des Sklavenschiffes unter Berücksichtigung von Artikel 3 des Grundgesetzes (Die Würde des Menschen ist unantastbar).
3. Informiere dich über menschenunwürdiges Handeln heute.
4. Entwickelt ein Gespräch unter Sklaven, die ihre Situation beschreiben und ihre Ängste, Sorgen, Wünsche ... austauschen.

BVK LA 10 • Gisa Kirstein: Leben und Alltag im Zeitalter der Entdeckungen

Schiffsarten im Vergleich

Info:
Die Schiffe mit den großen quadratischen Rahsegeln kamen nur schwer im Zickzackkurs gegen den Wind voran. Bereits leichte Gegenwinde konnte die Fahrtdauer verlängern. Bei schwerem Sturm mussten die Segel eingeholt werden und das ganze Schiff war nun dem Wüten des Meeres ausgeliefert. Die Entwicklung der dreieckigen Lateinersegel verbesserte das Fahren gegen den Wind. Nun konnten die Schiffe schneller und dichter am Wind segeln, dadurch konnte ein kürzerer Kurs gefahren werden.

Die Karavelle hatte zwei bis drei Masten. Sie wog 60 - 70 Tonnen und war somit kleiner als die Kogge der Hanse. Als wendiger Schnellsegler war sie absolut geeignet für die Entdeckungsfahrten.
Sie hatte etwa folgende Maße: 20 - 25 m lang; 7 - 8 m breit; 2 - 2,5 m Tiefgang.

Die Hansekogge diente als Fracht- und Kriegsschiff zugleich. Sie war ein Einmaster. Sie hatte ungefähr folgende Maße: 23,5 m lang; 7 m breit; 7,5 m Bordhöhe, davon ca. 3 m unter Wasser.

Das Drachenboot der Wikinger war ca. 23 m lang und 5 m breit. Es hatte einen mittschiffs aufgestellten Mast von ca. 13 m Höhe, der ein viereckiges Rahsegel mit etwa 70 m^2 Segelfläche trug.

Aufgabe:
Vergleiche die abgebildeten Schiffe. Erstelle nach folgendem Muster eine Tabelle:

	Drachenboot	Hansekogge	Karavelle
Mastzahl			
Gewicht			
Länge			
Besonders geeignet für			

BVK LA 10 • Gisa Kirstein: Leben und Alltag im Zeitalter der Entdeckungen

Lebensverhältnisse an Bord

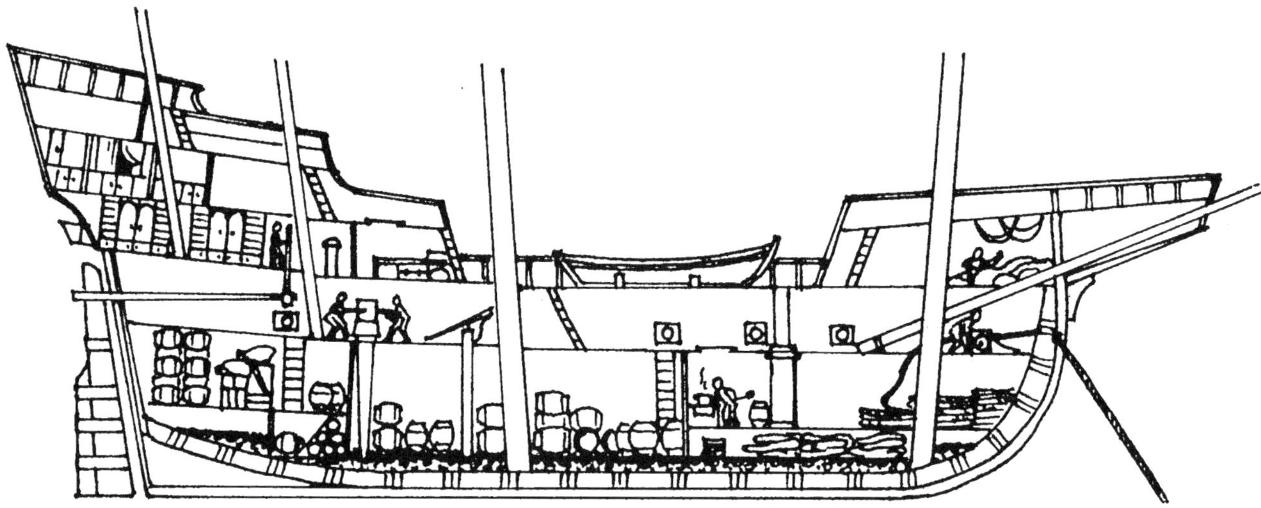

Im Vergleich mit dem Leben an Land war das damalige Leben an Bord während langer Fahrten erschreckend. Alle Schiffe waren leck. Bei ständiger Arbeit an den Pumpen war die Bilge (unterster Raum im Schiff) immer voll Wasser. Hier sammelte sich das Schwitz- und Leckwasser, das durch die schlechten sanitären Verhältnisse noch verdreckt wurde. Ratten liefen überall umher. Kojen gab es nur für den Kapitän und den Lotsen. Der gewöhnliche Seemann schlief auf oder unter Deck. Wasserdichte Kleidung kannte man nicht.
Aber auch angenehmere Seiten gab es an Bord. Einige Männer lasen Bücher und für Abwechslung und Unterhaltung der Besatzung sorgten Musikanten. Zum Zeitvertreib und zur Ablenkung von der Langeweile dienten verbotene Glücksspiele, der tägliche Gottesdienst und die Feier der Festtage – soweit Wetter und Vorräte es erlaubten.

Aufgaben:
1. Nenne Vor- und Nachteile des Lebens an Bord.
2. Welche Möglichkeiten hatten die Matrosen gegen die Langeweile?
3. Wie hättest du die Langeweile überbrückt?

Rattenfleisch – eine Delikatesse an Bord

Info:
1487 stach der Portugiese Bartolomeu Diaz im Auftrag des Königs Johann II. in See. Er sollte Afrika umfahren. Mit zwei Karavellen und einem Proviantschiff verließ er den Hafen von Lissabon. Er folgte zunächst den Spuren seiner Vorgänger, er passierte Kap Cross und erreichte gegen Ende des Jahres die Lüderitzbucht. Bei der Weiterfahrt traf er auf heftige und ständig wechselnde Winde. Es gelang ihm die Südspitze des afrikanischen Kontinents zu umrunden und den Seeweg in den Indischen Ozean zu erschließen. Auf dem Rückweg mussten sie den aus Nord-Süd-Richtung kommenden Passatwinden ausweichen, indem sie sich auf die hohe See hinaustreiben ließen. Die atlantischen Winde trugen sie dann wieder zur Küste zurück. Diaz nannte das Südkap „Kap der tosenden Stürme“. König Johann II. benannte es später in „Kap der Guten Hoffnung“ um.
1497 gelang es Vasco da Gama nach Umsegelung des afrikanischen Südkaps Indien zu erreichen.

Die Rückfahrt wurde zur Qual, denn sie waren am Ende ihrer Kräfte.
„... Bartholomeo [ein Matrose, Anm. d. V.] hockte auf dem Deck und stocherte angewidert in dem zinnernen Napf herum, der zwischen seinen gekreuzten Beinen stand. Rattenfraß. Ja, tatsächlich, Rattenfraß, denn die Einzigen an Bord, denen das Zeug schmeckte und die dick und gesund herumliefen, waren die Ratten.
Aber einem Menschen war diese Nahrung nicht zuzumuten. Eingesalzenes Schweinefleisch, das trotz Wässern und Kochen mit einer grünen, stinkenden Schmiere bedeckt war, Trockenfisch, aus dem sich fette weiße Maden mit schwarzen Köpfen ringelten, und Hartbrot, das sich in Staub auflöste, wenn man es anfasste, so sehr hatten die Ratten es schon zernagt. Das Erträglichste waren noch die Erbsen; für die steinharten Dinger schienen sich weder Ratten noch Maden zu interessieren und wenn man sie lang genug einweichte und kochte, wurde ein halbwegs genießbarer Brei daraus. Sonst hatten sie alles aufgegessen, jede Karotte, jede Zwiebel, das frische Obst. Wer noch ordentlich satt werden wollte, musste sich ein paar Ratten fangen. Abgezogen, ausgenommen und gebraten waren sie das begehrteste Nahrungsmittel. Aber sie ließen sich verdammt schwer fangen. Seine letzte Ratte hatte Bartholomeo vor acht Tagen gegessen. ...“ (aus: Geschichten erzählen, So lebten die Menschen am Beginn der Neuzeit, Wien 1999, S. 12 f.)

Aufgaben:
1. Warum taufte König Johann II. das von Diaz so benannte „Kap der tosenden Stürme“ in „Kap der guten Hoffnung um“?
2. Warum war Rattenfleisch eine Delikatesse an Bord?
3. Male zu der Erzählung zwei Bilder in die Kästen, die die Nahrungssituation an Bord wiedergeben.

Skorbut – die Rache der offenen See

Info:
Bei längeren Fahrten waren die Zustände auf den Segelschiffen des 15. Jahrhunderts unsagbar hart. Als Proviant diente eingepökeltes Rind- und Schweinefleisch, gesalzener und getrockneter Fisch und Schiffszwieback. Außerdem gab es Hartkäse und getrocknete Hülsenfrüchte. Die Offiziere erhielten auch Trockenobst, Salz und Knoblauch. Ein großes Problem war die Trinkwasser-Versorgung. Das in Fässern mitgeführte Trinkwasser war schon nach Tagen ungenießbar. Im Allgemeinen sammelte man das Trinkwasser in Eimern oder großen Matten. Blieb der Regen aus, so gab es keine Quelle. Oftmals blieb den Männern nichts anderes übrig, als ihren Urin zu trinken. Man nutzte jede Gelegenheit um sich in Küstennähe frisches Obst, Gemüse und Trinkwasser zu beschaffen. Dennoch starben viele Seeleute infolge der vitaminarmen Ernährung am Skorbut (eine durch Mangel an Vitamin C hervorgerufene Krankheit, Anm. d. Verfasserin).

... Die meisten Seeleute saßen an Deck wie er, aber teilnahmslos und ohne ihr Essen anzurühren. Sie waren bleich unter ihrer Sonnenbräune, ihre Augen lagen tief in den Höhlen. Wenn sich einer erhob ... sah man ihm an, dass ihm jede Bewegung Schmerzen bereitete. Wenn einer den Mund aufmachte, sah man das geschwollene, blutige Zahnfleisch und die Lücken zwischen den Zähnen. Skorbut ... hatte sie befallen ... .
... Meine Schenkel waren scharz und brandig, und ich war gezwungen, jeden Tag mein Messer zu gebrauchen, um durch Einschnitte dieses schwarze und faule Blut aus meinem Fleisch abfließen zu lassen. ... Und am schrecklichsten war es, daß ich nicht essen konnte und daß ich mehr schlucken als kauen wollte ... Täglich starben viele unserer Männer, und wir sahen, wie ständig Leichen ins Meer geworfen wurden, drei oder vier auf einmal. Meist starben sie, ohne daß man ihnen Hilfe gab, und sie taten ihren letzten Atemzug hinter einer Kiste oder Truhe, ihre Augen und die Sohlen ihrer Füße hatten die Ratten zernagt.

Aufgabe:
Du bist Matrose an Bord und schreibst einen Tagebucheintrag. Hier kannst du deine Wünsche, Sorgen, Probleme und Hoffnungen notieren.
Das Bild kann dir dabei helfen.

BVK LA 10 • Gisa Kirstein: Leben und Alltag im Zeitalter der Entdeckungen

Kolumbus – ein Mann der großen Sprüche?

Info:
Christoph Kolumbus (1451 - 1506) hatte die Idee, Indien auf dem Westweg zu erreichen, da er so das moslemische Gebiet umgehen würde. Er wurde durch den Florentiner Paolo Toscanelli in seinem Vorhaben gestützt, der davon ausging, dass der Weg zu den Gewürzinseln in westlicher Richtung kürzer sei als der Weg um Afrika herum. Toscanelli zeichnete alle bekannten Gebiete in eine Karte. Dass ein weiterer, bisher unbekannter Kontinent zwischen Europa und Indien liegt, wusste er nicht.

Kolumbus

Kolumbus hatte zahlreiche Fahrten auf dem Mittelmeer und dem Atlantik bestritten und dadurch Kenntnis über Schiffsführung und auch das Lesen von Karten gelernt.
1484 erbat Kolumbus beim portugiesischen König Johann II. um eine Audienz (Empfang). Der Herrscher ließ sich von dem Unbekannten nicht überzeugen und glaubte einen Abenteurer vor sich zu haben. Sein Eindruck wurde durch die Forderungen Kolumbus bestärkt:
1. Erhebung in den Adelsstand,
2. Titel „Großadmiral des Ozeans“,
3. Den zehnten Teil aller Reichtümer aus den entdeckten Gebieten.
Kolumbus versuchte nun sein Glück am spanischen Hof. Das Königspaar Isabella und Ferdinand erbaten Bedenkzeit.
Jahrelang diskutierten die Gelehrten an den portugiesischen und spanischen Königshäusern über das gewagte Unternehmen. Niemand konnte die tatsächliche Entfernung und eine erfolgreiche Mission voraussagen.

Aufgaben:
1. Welchen Kontinent kannte Toscanelli nicht?
2. Erstelle drei Bilder über die Audienzszene bei König Johann II. 1484. Nutze Sprech- und Gedankenblasen, um die Empfindungen und Forderungen deutlich zu machen.
3. Spielt die Audienzszene nach. Beachtet Körperhaltung und Sprache.

Kolumbus unterwegs nach Indien – Teil I

✂

Sie ste**u**erten auf den 28. Breitengrad zu, der sie zur Küste von Florida geführt hätte.

Kolum**b**us versprach demjenigen eine jährliche Rente von 10 000 Maravedis, der zuerst das Land erblickte.

Nach kurzer Unterbrechung auf den Kanarischen Inse**l**n, setzte man am 6. September die Fahrt zu dem 700 Seemeilen entfernt liegenden Land des Großkhans fort.

Am 3. August 1492 stach Kolumbus mit drei Karavellen (Nina, Pinta und Santa Maria) in See. Zu der Besatzung gehörten 90 Mann aus den Armenvierteln v**o**n Palos, Notare und königliche Beamte, Freunde und Diener.
Pro Mann und Tag nahm man ein Pfund Schiffszwieback, zwei Liter Wein und dreihundert Gramm Fleisch oder Fisch mit. Außerdem kamen Öl, Essig, Käse und Gemüse, insbesondere Zwiebeln, mit an Bord.

Im April 1492 gab das spanische **K**önigspaar seine Einwilligung zur Fahrt, stellte Schiffe und Geld zur Verfügung und schloss einen Vertrag, indem die Forderungen von Kolumbus berücksichtigt wurden:
Kolumbus war von jetzt an Admiral von Kastilien und Vizekönig der Länder, die er entdecken würde. Von allen Waren, die in den Ländern erworben oder gefunden wurden, sollten neun Zehntel für den spanischen König und ein Zehntel für Kolumbus sein.

Kolumbus gl**a**ubte auf einer der 7.000 Inseln zu sein, von denen Marco Polo in der Umgebung von Japan berichtet hatte.

Vier **S**tunden später rief Juan Rodriguez: „Tierra! Tierra! (Land! Land!)“.

Das gesichtete Land wa**r** eine Insel der Bahamainseln. Sie wurde von den Einwohnern Guanahani genannt. Kolumbus taufte sie in San Salvador um.

Die Furcht und **M**utlosigkeit der Seeleute drohte in eine Meuterei umzuschlagen, als die Fahrt einen Monat dauerte. Vorboten eines vermutlich unweit entfernt liegenden Landes beruhigten die Gemüter.

Er selbst verließ nicht mehr den A**u**sguck. In der Nacht vom 11. Oktober sah er ein Licht – glaubte aber an eine optische Täuschung.

Kolumbus aber behaup**t**ete vier Stunden vorher bereits Licht gesehen zu haben, verweigerte dem Matrosen die Belohnung und sprach sie sich selbst zu.

Sie segelten weiter von Insel **zu** Insel, ohne jedoch weiter westlich vorzustoßen. Somit fuhren sie an Florida vorbei.

In der Zeit von Oktober bis Januar ging Kolu**m**bus an den Küsten von Kuba und Haiti an Land.

Kolumbus unterwegs nach Indien – Teil II

1502 startete Kolumbus sei**n**e letzte Reise mit vier Karavellen. Er fuhr an der Küste von Honduras, Panama und Darien entlang. Dann segelte er nach Jamaika. 1504 kehrte er zurück.

In Barcelona bereiteten die Herrscher den kühnen Seefahrern einen großen Empfang. Kolumbus brachte Geschenke, Gold, unbekannte Pflanzen, Papageien und eine Gruppe Inder mit.

Blind und gelähmt starb er am 21. Mai 1506**!** Bis zum Tod glaubte er, die asiatischen Inseln in der Nähe Indiens erforscht zu haben. Daher erhielten die spanischen Kolonien den Namen Westindien.

Kolumbus glaubte, **v**iele Länder Chinas erreicht zu haben.

Francisco d**e** Bobadilla, ein Beamter aus dem königlich-spanischen Hofstaat, nahm Kolumbus 1500 in Santo Domingo wegen Unterdrückung und ungerechter Behandlung der Eingeborenen gefangen. Mit gefesselten Füßen wurde er nach Spanien zurückgeschickt.

Am 15. März 1493 lief zu**n**ächst die Nina und einige Stunden später auch die Pinta in den Hafen von Palos ein.

Im Herbst 1493 stach Kolumbus mit 14 Karavelle**n** in See. Die Fahrt führte durch die Inselgruppe der Antillen und um Kuba herum. Kolumbus zweifelte daran, das Hispaniola (Haiti) mit Zipangu (Japan) auf der Karte von Toscanelli identisch war.

Am 16. Januar 1493 verließen die Schiffe Nina und Pinta das Karibische Meer nach **O**sten, nachdem die Santa Maria gestrandet war.

1498 unternahm er mi**t** sechs Karavellen seine dritte Expedition. Die Reise führte ihn nach Trinidad und in die Mündung des Orinoco. Danach fuhr er an der Küste Venezuelas entlang – am amerikanischen Kontinent.

Die Spanier führten viele Monate mit den Eingeborenen Krieg. Mit 500 Gefangenen kehrte Kolumbus 1496 heim. Die versprochenen Goldschätze und Gewürze brachte er nicht mit. Man entzog ihm daraufhin den Posten des Vizekönigs in den entdeckten Ländern.

Aufgaben:
Schneidet die Kurzberichte aus und klebt sie in der richtigen Reihenfolge auf. Tipp: Die Richtigkeit könnt ihr kontrollieren, indem ihr durch Aneinanderreihen der fett gedruckten Buchstaben einen Lösungssatz erstellt.
Lösungssatz:

Wahl: Erstellt fünf Bilder zu den verschiedenen Stationen im Leben des Kolumbus.

BVK LA 10 • Gisa Kirstein: Leben und Alltag im Zeitalter der Entdeckungen

Kolumbus über die Indianer

Kolumbus schreibt seine Eindrücke in einem Brief an den Verwalter der königlichen Privatkasse Luis de Santangel. Er wurde am 15. Februar 1493 auf der Rückreise der ersten Expedition verfasst und behandelt die Eindrücke der Insel „La Spaniola" (= Haiti):

„Hier gibt es vielfältige Gewürze, große Goldminen und andere Erzgruben. Die Bewohner (...) gehen alle nackt ... . Sie haben weder Eisen, Stahl oder Waffen, noch sind sie fähig diese zu gebrauchen. Obgleich wohlgeformt und von anmutiger Gestalt, sind sie von unglaublicher Furchtsamkeit. Sie besitzen keine anderen Waffen als trockene Rohrstäbe, an deren Enden sie scharfe Spitzen befestigen. ...

Wenn sie sich jedoch sicher fühlen, so überwinden sie jede Furcht, sind gutmütig und freigebig mit allem, was sie besitzen. Niemand versagt dem Bittenden, was er besitzt, ja sie selbst fordern auf, es zu nehmen. Allen zeigen sie die größte Liebenswürdigkeit; wertvolle Dinge geben sie für Kleinigkeiten hin und sind mit wenig oder nichts zufrieden. ...

In La Spaniola aber, an günstiger Stelle, die sowohl für die Ausbeute der Goldminen als auch für jeglichen Handel mit dem hiesigen Festland ... vortrefflich geeignet ist, habe ich ein großes Gebiet besetzt, ... Hier ließ ich Fort und Befestigung bauen, ... dort habe ich die mir nötig scheinende Besatzung nebst ausreichenden Waffen und Proviant für mehr als ein Jahr zurückgelassen, ... Wenn sich aber auch ihre Absichten ändern und sie versuchen wollten, der Burgbesatzung Schaden zuzufügen, so würden sie das nicht können, denn sie haben keine Waffen, ... Daher glaube ich, daß die Besatzung die ganze Insel, ohne für sich etwas befürchten zu müssen, beherrschen und verteidigen kann.

(aus: K. H. Peter, Briefe zur Weltgeschichte. Von Cicero bis Roosevelt, München 1964, in: Evangelisches Missionswerk in Deutschland (EMW), Unentdecktes Amerika, Hamburg 1992, S. 13 f)

Aufgaben:

1. Beschreibe nach den Eindrücken von Kolumbus die Kleidung, die Ausrüstung und das Verhalten der Einwohner von Spaniola.

2. Welche Ziele verfolgt Kolumbus auf Haiti?

3. Kolumbus kennt die primitiven Waffen der Indianer und errichtet trotzdem eine gut ausgerüstete Befestigung. Erkläre!

Die Jagd nach dem Gold – ein Würfelspiel für echte Entdecker!

Spielregeln:

Die Jagd nach dem Gold ist ein Würfelspiel für zwei bis sechs Spieler. Sieger ist, wer am Ende (wenn das Ziel erreicht ist) die meisten Goldstücke besitzt. Das Spiel beginnt und endet in Europa. Jeder Spieler benötigt einen Würfel und einen Spielstein (z. B. ein aus Papier gefaltetes Schiffchen).

Vor Spielbeginn müsst ihr Folgendes erstellen:

- **fertigt ca. 36 Proviantkarten** für die Fahrt. Sie sollten ca. 3 cm² groß sein und den Buchstaben „P" für Proviant auf einer Seite stehen haben. Natürlich könnt ihr sie auch farbig gestalten.
  Symbole für eine Reiseverpflegung zu Beginn der Neuzeit bieten sich an – denkt an Pökelfleisch usw.!
- **fertigt ca. 60 „Goldstücke"** an, auch ca. 3 cm² groß. Gestaltet sie nach euren Vorstellungen. Sie sollten aber den Buchstaben „G" für Goldstück" auf einer Seite haben.
- **erstellt Wissenskarten**, die auf einer Seite eine Frage und auf der Rückseite die entsprechende Antwort haben. Auf der Seite 23 findet ihr eine Auswahl, die ihr erweitern könnt.
  Sucht auf dem Spielfeld geeignete Plätze für die drei Stapel und verdeckt die Karten.

Achtung: Proviant- und Goldkarten, die eingezogen werden, werden auf den vorgesehenen Stapel des Spielbrettes gelegt.

Zum Spielverlauf:

Vor dem Spiel bekommt jeder Spieler **sechs Proviantkarten und zwei Goldstücke.**
Der jüngste Spieler beginnt.
Jeder Spieler muss mit passender Augenzahl auf das **Feld mit dem Buchstaben „F"** kommen. Stimmt die Augenzahl nicht, so muss jede Runde neu gewürfelt werden. Ein Spieler kann sich nach zwei Fehlversuchen das Erreichen des Feldes „F" erkaufen, indem er zwei Karten (evtl. 2P oder 1P und 1G oder 2G) abgibt.
Kommt ein Spieler auf ein bereits **besetztes Feld**, so muss er dem anderen eine Karte abgeben (1P oder 1G). Kommt ein Dritter auf ein von zwei Spielern besetztes Feld, so muss dieser vier Felder zurückgehen.
Ein Spieler kann jederzeit Proviantkarten gegen Goldstücke eintauschen und auch andersherum. **Aber Vorsicht:** ein Spieler scheidet vorzeitig aus, wenn er keine Proviantkarte mehr besitzt – **also handelt taktisch klug, wenn ihr Karten abgeben müsst!**
Kommt ein Spieler auf ein **„Wissensfeld"** (W), so liest der links von ihm sitzende Mitspieler die Frage vor. Die Karte wird später wieder verdeckt unter den Stapel gelegt. **Für jede richtige Antwort erhält man ein Goldstück.** Ist die Frage falsch oder nur teilweise richtig beantwortet, so wird die Goldkiste des Spielers nicht gefüllt!
Kommt ein Spieler während des Spieles auf ein **„Schicksalsfeld"** (Buchstaben A - Z), so muss er die unter dem Buchstaben angegebenen Bedingungen erfüllen.
Grau unterlegte Felder sind Goldfelder und jedes Betreten wird mit einem Goldstück belohnt.

Sieger:

Sind alle Mitspieler im Ziel, so wird abgerechnet und der Sieger ermittelt.
Jeder Spieler zählt seine Goldstücke. Für jede Proviantkarte kann er jeweils ein Goldstück eintauschen.
Wer am meisten Gold mitgebracht hat, hat gewonnen!

Die Jagd nach dem Gold - ein Würfelspiel für echte Entdecker

Schicksalsfelder

A Die Türken versperren den Handelsweg nach Asien. Gegen Zahlung eines Goldstückes darfst du passieren.

B Die Reise mit der Karawane ist anstrengend. Du machst Rast um dich auszuruhen. 1 x aussetzen.

C Du hast Blasen an den Füßen. Ein hilfsbereiter Asiat nimmt dich mit zu einer Fußmassage. Gehe sechs Felder zurück.

D Dein Magen rebelliert. Du stärkst dich in einem Restaurant. Gib eine P-Karte ab.

E In Peking bewunderst du den Seidenhandel – ein Chinese schenkt dir ein echtes Seidentuch, das du gegen zwei Goldstücke eintauschst.

F Du kaufst für zwei Goldstücke ein Schiff.

G Der Wind treibt dich vom Kurs ab. Du triffst auf ein Handelsschiff, das dir für zwei Goldstücke Nahrung gibt.

H Du gehst an Land und bewunderst die unbekannten Tiere. 1 x aussetzen.

I Die Aborigines zeigen dir den heiligen Berg „Ayers Rock!“ Dort findest du drei Goldstücke.

J Der Wind treibt dich voran. Gehe vier Felder vor.

K Du gerätst in einen Sturm. Du musst an Land um dein Schiff zu reparieren. Setze 1 x aus und zahle für die Instandsetzung ein Goldstück.

L Du verlierst die Hälfte der Besatzung an Skorbut. Geh' an Land und besorge frische Nahrung. 1 x aussetzen und zwei P-Karten abgeben.

M Hungriges Meerungeheuer in Sicht. Nur mit Proviant kannst du es beruhigen. Gib eine P-Karte ab.

N Meuterei – die Besatzung will Anteile an deinem Schatz. Du gibst drei Goldstücke ab.

O Du verkaufst Matrosen an einen Ureinwohnerstamm. Dafür erhältst du 14 Goldstücke.

P Piraten in Sicht – sie nehmen dir zwei Karten. Entscheide, welche du abgibst.

Q Du tauschst unbekannte Früchte gegen Schiffsproviant. Gib eine P-Karte ab.

R Der Wind hilft dir. Würfele noch einmal.

S Ureinwohner beschenken dich reichlich. Setze einmal aus. Du erhälst fünf Goldstücke.

T Flaute! Du kommst nicht voran – gib eine P-Karte ab.

U Im Nebel verirrt – gehe sieben Felder zurück.

V Die Nahrung ist verdorben. Gib eine P-Karte ab.

W Wasser wird knapp – ihr müsst Meerwasser trinken. 1 x aussetzen.

X Der Golfstrom treibt dich voran. Gehe drei Felder vor.

Y Du verkaufst dein Schiff für fünf Goldstücke.

Z Zu Hause wirst du vom König geladen, der dir für deine Reiseberichte drei Goldstücke schenkt.

Wissenskarten

Fragen	Antworten
1. Erkläre das geozentrische Weltbild	1. Die Erde ist der Mittelpunkt des Universums und die Sonne und alle Planeten kreisen um sie.
2. Wer bewies das heliozentrische Weltbild?	2. Nikolaus Kopernikus (1473 - 1543)
3. Wie reagierte die Kirche auf die neuen Erkenntnisse der Naturwissenschaftler?	3. Die Wissenschaftler, die das heliozentrische Weltbild für richtig erachteten, wurden für ungläubig erklärt und durch Bestrafung zur Umkehr ihrer Lehre gezwungen. (Ausschluss vom Abendmahl ...)
4. Wer erstellte den ersten Globus?	4. Der Nürnberger Martin Behaim
5. Wie nennt man erfundene Geschichten der Seefahrer?	5. Seemannsgarn
6. Wer berichtete ausführlich vom Leben der Asiaten?	6. Marco Polo
7. Welchen Handelsweg blockierten die Türken?	7. Die Seidenstraße
8. Nenne drei Gegenstände, die typisch asiatisch sind.	8. Seide, Porzellan, Tee, Jade, Gewürze ...
9. Wie heißt das nautische Gerät, das eine magnetische Nadel hat?	9. Kompass
10. Welche Seefahrernation wagte zuerst den Weg nach Süden?	10. Portugal
11. Welche Folgen hatte die Erkundung Afrikas für die Ureinwohner?	11. Sklavenhandel
12. Wer wagte zuerst die Fahrt um Afrika herum?	12. Der Portugiese Bartholome Diaz
13. Wie wurde das Kap der Stürme später genannt?	13. Kap der Guten Hoffnung
14. Was ist Skorbut?	14. Eine Krankheit infolge vitaminarmer Ernährung.
15. Was ist eine Karavelle?	15. Ein kleines, leichtes und wendiges Schiff mit Lateinersegeln.
16. Wer wollte einen westlichen Seeweg nach Indien finden?	16. Christoph Kolumbus
17. Welchen Kontinent bereiste Kolumbus schließlich?	17. Amerika
18. Nenne mindestens drei Motive für Entdeckungsfahrten.	18. Reichtum (Gold), Ruhm/Ehre, Macht, Missionierung, Abenteuerlust, Handel
19. Wie nennt man die Eroberer?	19. Konquistadoren
20. Wer eroberte das Reich der Azteken?	20. Hernan Cortes
21. Welche Probleme gab es auf hoher See? Nenne vier!	21. Meuterei, Krankheiten und Seuchen, Unkenntnis über die Entfernung, mangelhafte Ausrüstung, Wetter (Stürme...), zu wenig Proviant
22. Wer sollte in geheimer Mission Australien entdecken?	22. James Cook
23. Erkläre den Begriff „Tenochtitlan“.	23. Hauptstadt der Azteken, Platz des Feigenkaktus
24. Beschreibe den Glauben der Azteken.	24. Glaube an mehrere Gottheiten, Blutopfer für die Erschaffung der Gestirne.
25. Warum wurden die fremden Weißen von den Azteken reichlich beschenkt?	25. Sie glaubten an die Ankunft eines Gottes, der laut Verheißung aus dem Osten kommen sollte.
26. Was sind „chinampas“?	26. Schwimmende Inseln aus Schilf und Erde
27. Welche sozialen, wirtschaftlichen und politischen Folgen hatten die Entdeckungsfahrten? Nenne insgesamt drei.	27. Unterdrückung und Versklavung der Eingeborenen, Zerstörung der Kulturen (sozial); zunehmende Bedeutung der Weltmeere, Handelsausdehnung (wirtschaftlich); Seemächte werden Großmächte, Streit um Kolonien (politisch)
28. Nenne vier Früchte aus der Neuen Welt.	28. Ananas, Kartoffeln, Paprika, Tabak, Kakao, Kaffee, Mais, Tomaten
29. Wer setzte sich für die Rechte der Indianer ein?	29. Der Dominikanermönch und spätere Bischof in Mexiko Bartolome de Las Casas
30. Wie nennt man ein unterworfenes Gebiet außerhalb Europas?	30. Kolonie.

Die Jagd nach dem Gold

Ein Würfelspiel für echte Entdecker

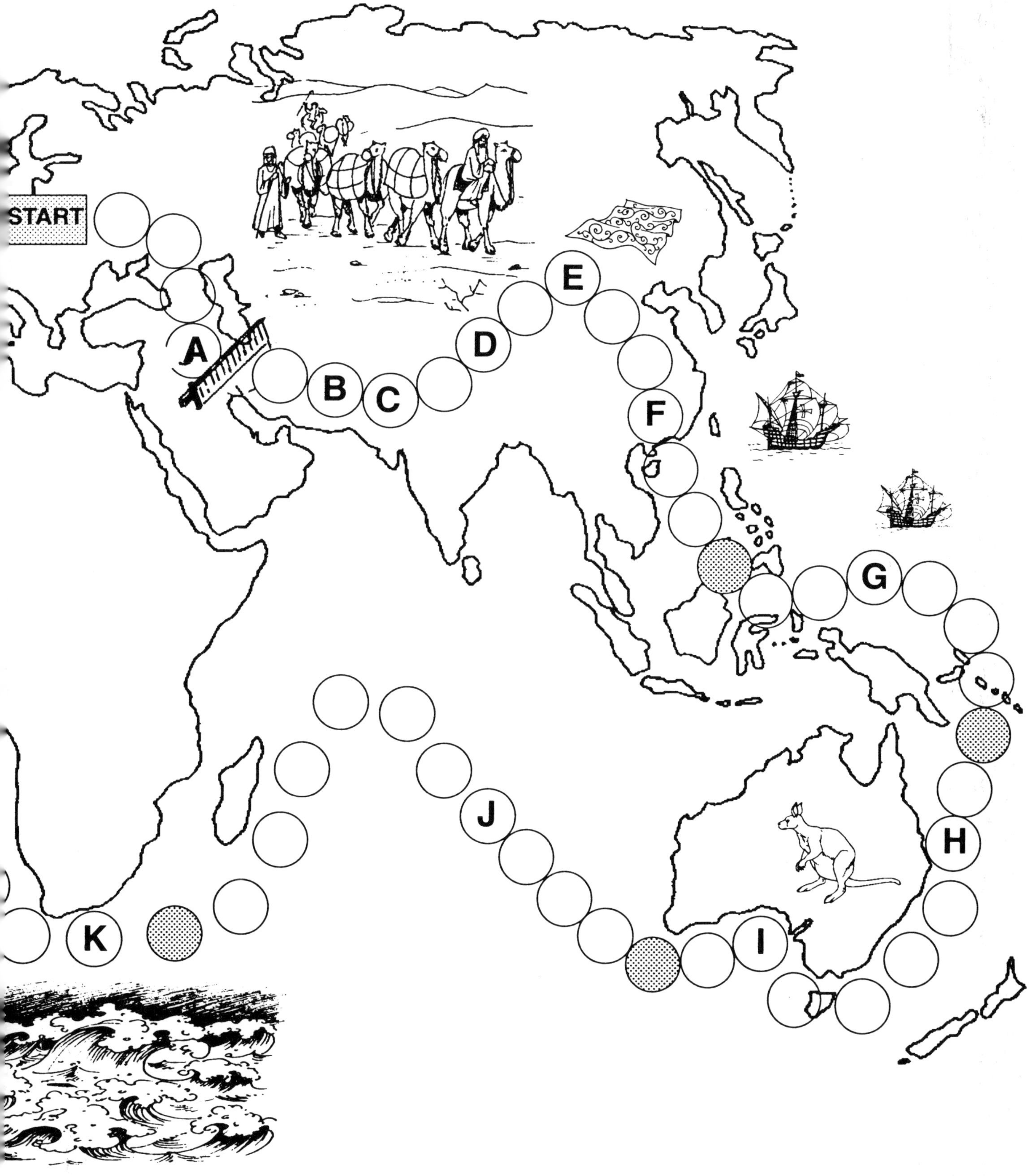

Der Papst verteilt die Länder der Erde

Nach der geglückten Reise des Kolumbus geriet die bestehende stillschweigende Übereinkunft zwischen Portugal und Spanien in Gefahr. Papst Alexander IV. Borgia erließ daraufhin die berühmte Bulle (ein Erlass).
Aus dem Brief des Papstes Alexander IV. vom 4. 5. 1493 an das spanische Königspaar (Ferdinand von Aragonien und Isabella von Kastilien):
„... Alle Inseln und Festländer, die entdeckt und noch zu entdecken sind, westlich ... einer Linie vom Nordpol bis zum Südpol, ... schenken und überweisen Wir Kraft der Gewalt des allmächtigen Gottes, die Uns im heiligen Petrus übertragen ist, und der Stellvertretung Christi, die Wir auf Erden ausüben, ... Euch, Euren Erben und Nachfolgern, den Königen von Spanien, mit allem Zubehör für immerdar." (Ebeling, H.: Reise in die Vergangenheit, Band 3, S. 48) Das Land östlich dieser Linie sollte den Portugiesen gehören.

Da man die Entfernungen unterschätzte und von Amerika noch nichts ahnte, waren die Portugiesen sicher, dass Indien nun den Spaniern gehöre und sie sich mit Afrika zufriedengeben müssten. Der portugiesische König Johann II. war zum Krieg bereit – Spanien lenkte ein. 1494 unterzeichnete man einen Vertrag in Tordesillas, in dem man die Grenze zur Aufteilung der Welt 370 Meilen weiter westlich von den Azoren verlegte. Somit fiel Brasilien an Portugal und auch Indien, nachdem der Portugiese Vasco da Gama 1498 den Weg nach Indien um Afrika herum gefunden hatte.

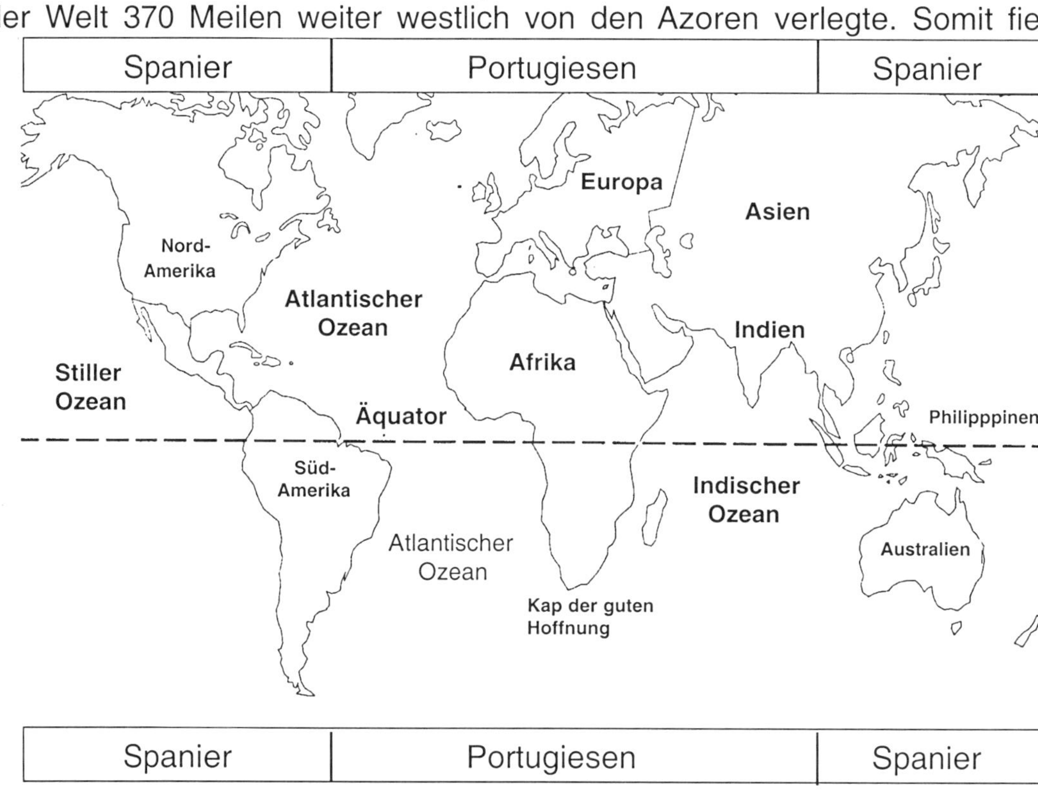

Aufgaben:
1. Welche Kontinente sollen den Spaniern und welche den Portugiesen gehören?
2. Verlängere die Balkenlinien und markiere sie in der Karte farbig.
3. In Südamerika spricht man spanisch, nur in einem südamerikanischen Land nicht! Welches ist es?
4. Welche Sprache wird in Afrika, in der Karibik und auf den Philippinen gesprochen?

Die Geburt Mexicos

Info:
Vermutlich bezeichnete der Name „Azteken“ eine Gruppe, die einmal in Aztlan gelebt hat, eine auf einer Insel erbaute Stadt im Nordwesten Mexicos. Von hier aus wanderten sie in Richtung Süden; im Laufe ihrer Wanderung nennen sie sich zunächst „Mexitin“ und später „Mexica“.
Sie gelangen nach Tula, der Hauptstadt des legendären Reichs der Tolteken, die für die Bewohner des Hochlandes als Lehrmeister aller technischen, materiellen und intellektuellen Errungenschaften galten. Neben der Bildhauerkunst, erfinden sie die Malerei, sind hervorragende Baumeister ... Ihre Herkunft führen sie auf Gottheiten zurück. Einer ist Quetzalcoatl, dessen gleichnamiger Priester den Kult zelebriert und Tula regiert.

Gemeinsam mit anderen kriegerischen Stämmen wanderten die Azteken im 13. Jahrhundert aus dem mexikanischen Norden ins Valle de Mexico ein. Bei ihrer Ankunft im Hochtal fanden sie allerdings keinen freien Siedlungsraum vor. Ihnen blieb zunächst nur eine sumpfige Insel im Texcoco-See. Laut einer Legende befahl ihnen ihr Gott Huitzolopochtli sich dort niederzulassen, wo sie folgendes Zeichen erblicken: Einen Adler, der auf einem Feigenkaktus sitzend eine Schlange im Schnabel hält. Dort sollten sie reich und mächtig werden. Als sie auf der sumpfigen Insel das göttliche Zeichen entdeckten, gründeten sie 1345 an dieser Stelle ihre Hauptstadt Tenochtitlan: „Platz des Feigenkaktus.“
Heute befindet sich an dieser Stelle die Hauptstadt Mexico-City.

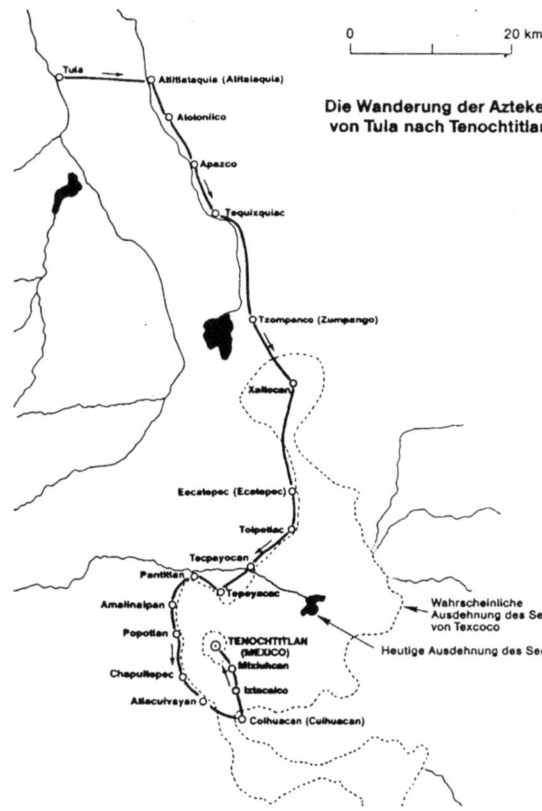

Die Wanderung der Azteken von Tula nach Tenochtitlan

Neben dem Staatswappen, das der aztekischen Sage entstammt, sind drei Farben (von links nach rechts: grün, weiß und rot) von besonderer Bedeutung. Grün steht für die Unabhängigkeit von Spanien, die Mexiko 1821 erlangte, Weiß für die Religion und Rot für Einheit.

Aufgaben:
1. Erkläre die Entstehung und die Bedeutung der mexikanischen Flagge.
2. Male in den Kasten die heutige Flagge Mexikos.
3. Erkläre den Namen Tenochtitlan.
4. Markiere die wahrscheinliche Ausdehnung des Sees Texcoco in der Karte blau und Tenochtitlan rot! Beschreibe die Wanderung der Mexica. Nutze den Atlas.

Mais – das Hauptnahrungsmittel der mexikanischen Bevölkerung

Info:
Die milpa (Maisfeld) war der Mittelpunkt im Leben der Azteken. Bereits 10 000 v. Chr. wurde wilder Mais in Mexiko gegessen. Seit dem 3. Jahrtausend wurde der Mais als Nutzpflanze angebaut. Bis heute sind die Maisfladen (tortillas) das Hauptnahrungsmittel der Mexikaner. Die Entdecker und Eroberer des 15. Jahrhunderts lernten den Mais kennen. Seit dem 17. Jahrhundert wird Mais auch in Deutschland angepflanzt.
Bei den Azteken war das Zubereiten der Maisfladen und die gesamte Hausarbeit die Aufgabe der Frau. Die Maiskörner wurden zunächst gekocht, geschält und anschließend auf einem Mahlstein zerrieben. Diese mühselige Arbeit dauerte ca. zwei Stunden. Zu den Tortillas gab es Kürbisse, Pfefferschoten, Tomaten oder Enten, Truthühner oder Fleisch vom Wild. Diese Waren hatten die Frauen zuvor auf dem Markt gekauft.

Der Boden wird bearbeitet.	Die Saat ist aufgegangen.	Der Maiskolben wird geerntet.

Über die heutigen Essgewohnheiten der Mexikaner wissen wir:
Mais ist die am häufigsten vorkommende Anbaupflanze in Mexiko und die wichtigste Nahrungsquelle.
Das Korn wird gemahlen und ähnlich wie Mehl zu einem Teig verarbeitet. Der Teig wird zu dünnen runden Fläden ausgerollt, den **Tortillas**. Diese können so gegessen oder aber mit Hühnchen, Fleisch, Käse oder Bohnen gefüllt werden.
Man nennt sie **Tachos**, wenn sie gefüllt, gebralten und frittiert sind.
Enchiladas werden sie genannt, wenn sie gefüllt, gerollt und mit einer würzigen Soße serviert werden.

Werden sie frittiert und belegt in flacher Form serviert, heißen sie **Tostadas**.

Aufgabe:
Erstelle zu den Texten je ein entsprechendes Bild in den Kästen.

Die Erziehung der Azteken

Ein Junge berichtet über die Ausbildung der Azteken:

Bei uns werden die Söhne von ihren Vätern und die Töcher von ihren Müttern erzogen. Wir Jungen lernen wie man richtig fischt und den Boden bearbeitet. Aber auch Kanus bauen, Segeln und Sandalen herstellen wird uns gezeigt. Wenn wir Erlerntes vergessen, werden wir dafür bestraft – ich bin erst einmal mit der Dornenrute geschlagen worden. Aber ein Freund von mir, der sich oft weigert zu lernen, musste den stechenden Rauch brennenden Pfeffers einatmen.
Die Mädchen hingegen lernen wie man das Garn spinnt und wie die leckeren Tortillas zubereitet werden.
Ich möchte einmal die Militärschule (Telpochcallis) besuchen und später ein erfolgreicher Krieger werden, denn die Krieger haben in unserem Land das höchste Ansehen. Durch unsere mutigen Krieger lebt unser Volk weiter, denn sie bringen den Göttern die geforderten Opfer. Die Schule soll sehr hart sein. Zunächst wird der Körper kräftig und schnell gemacht. Man arbeitet oft als Holzfäller und muss ausdauernde Läufe durchstehen.
Mein Vater möchte allerdings, dass ich einmal die Tempelschule (Calmecac) besuche, um ein Priester, Arzt oder Richter zu werden. In die Telpochcallis können auch die Jungen der einfachen Leute gehen, aber die Calmecac ist nur für adlige Söhne. Natürlich ist das Ansehen eines Priesters ähnlich dem eines Kriegers, aber ich finde die Krieger wichtiger und ihr Leben spannender. Ich möchte lieber kämpfen als die „heiligen Gesänge", die Sternkunde, die Traumdeutung und den Kalender zu lernen.

Aufgaben:
1. Nenne die Unterschiede in der Erziehung von Mädchen und Jungen.
2. Erkläre das „Schulsystem" und die Lernziele.
Wahl:
A) Bei uns hat jeder Junge nach Vollendung seines 18. Geburtstages die Wahl den Wehrdienst oder den Ersatzdienst abzuleisten. Wie beurteilst du diese Entscheidung? Für welchen Dienst würdest du dich entscheiden? Begründe!
B) Auch Fauen dürfen seit kurzem den Wehrdienst antreten. Wie beurteilst du diese Neuerung? Würdest du als Mädchen gerne zur Bundeswehr gehen? Begründe!

Das Leben Motecuzoma II.

Info:
Motecuzoma II. (1502 – 1520) regierte als strenger, machthungriger und willensstarker Herrscher.
Er achtete peinlichst auf die Einhaltung der Riten und versuchte ständig sein Reich zu erweitern.

„Dieser Motecuzoma ... pflegte täglich zu baden und viermal am Tag die Kleider zu wechseln. Niemals legte er ein Gewand zum zweiten Male an, es wurde sofort an die Umgebung verschenkt. In einem Saal nahm er ganz für sich allein seine Mahlzeiten ein, und Hunderte von vorbereiteten Gerichten standen vor ihm auf der Matte. Dann bezeichnete der Herrscher seinem Haushofmeister die Speisen, die er heute essen wollte. Der niedrige Eßtisch wurde nach seinem Geheiß mit den erlesensten Genüssen bedeckt; es gab u. a. Fische, die tags zuvor noch im Atlantischen Ozean geschwommen waren, und Früchte, die um die gleiche Zeit noch an den grünen Sträuchern der Osthänge des Ufergebirges gehangen hatten – Schnelläufer hatten Fisch und Obst in einem Tages- und Nachtlauf herbeigebracht! Als Getränk aber liebte Motecuzoma einen braunen, süßen, schaumbedeckten Saft, den er „Chocolatl" nannte; er wurde aus den Früchten des Kakaobaumes hergestellt und war mit Aloezucker und Vanille gesüßt. Mit dem Tafelgeschirr und dem Tischtuch wurde es wie mit den Kleidern gehalten: sie wurden ebenfalls sofort nach dem einmaligen Gebrauche verschenkt. Nach dem Essen wusch sich Motecuzoma in einem silbernen Becken die Hände. Dann reichte man ihm die Pfeife aus lackiertem, reichvergoldetem Holz, und der Herrscher blies aus ihr durch Mund und Nase dichte Wolken Rauch von einem betäubenden Kraute aus, das Tobaco genannt wurde. ...
Nein, [...], dieser Fürst war kein „Wilder" ohne Lebensart und Kultur, [...] ... – auch wenn man hierzulande noch keine Feuerrohre und Pferde, keine stählernen Waffen kannte und nicht einmal Gewichte und Waage auf dem Markte – und auch keine christliche Religion!"
(aus: Ebeling, H.: Die Reise in die Vergangenheit, Band III, Braunschweig, S. 59f).

Aufgaben:
1. Ist der Fürst der Indios ein Wilder? Begründe deine Einschätzung.
2. Was aus dem Leben Motecuzomas war für die Europäer unbekannt?
3. Stelle in einem Bild das Mahl des Fürsten dar. Benutze hierzu den Kasten..

So sahen die Indios die „weißen Götter“

„Ihre Speise ist menschlich, wie die von Fürsten.“ ...

„Sie werden von Hirschen (Pferde waren ihnen unbekannt) auf dem Rücken getragen, wohin sie wollen; auf diesen Hirschen sind sie so hoch wie Dächer. Ihr Körper ist ganz verborgen, nur ihre Gesichter sind nicht bedeckt. Ihre Haut ist weiß, wie aus Kalk gemacht. Ihr Haar ist gelb, nur bei einigen schwarz.“

Bericht an Montezuma nach der Landung von Cortez:
„Ihre Kriegstracht und ihre Waffen sind ganz aus Eisen gemacht. ... Ein Ding wie ein Ball aus Stein fliegt aus ihrem Bauch (der Kanone, Anm. d. V.), sprüht Funken und regnet Feuer. ... Wenn sie den Baum trifft, verweht er in Splittern, als ob ein Zauberer in seinem Innern ihn fortgeblasen hätte.“

„Oh Herr, wir sind ihnen nicht gewachsen. Vor ihnen sind wir wie nichts.“
(aus: Codex Florentino, B. de Sahagun, Buch XII. in: H. Weber, Die Opfer des Kolumbus; in: EMW, Hamburg 1992, S. 21)

Aufgaben:
1. Wie beschreiben die Indios das Aussehen der Europäer?
2. Welche Gegenstände / Verhaltensweisen sind den Indios unbekannt?
3. Besorge dir ein Foto von einem Bundeswehr-Soldaten und klebe es in den leeren Kasten. Beschreibe die Uniform! Vergleiche die Ausrüstungen!

BVK LA 10 • Gisa Kirstein: Leben und Alltag im Zeitalter der Entdeckungen

Der Opferkult der Azteken

Info:
Die Azteken waren ein kriegerisches Volk. Sie galten als tapfer, gehorsam und sehr mutig. Da sie sich als Volk der Sonne sahen, glaubten sie, dass die Sonne ihren Weg über den Himmel nur fortsetzt, wenn sie durch Blut und Herzen der Menschen ernährt wird. Sie führten ständig Kämpfe mit Nachbarstämmen für die Götter – heilige Kriege.
Krieger wurden nach ihrem Erfolg belohnt und ausgezeichnet, indem man ihnen besondere Kleidung, z. B. den Jaguaranzug oder Adlermantel, verlieh.

Bei einem Opferfest wurden auf den Götterpyramiden bis zu 70.000 Menschen getötet. Die Opfer wurden durch Priester rücklinks auf den Opferstein gelegt und von vier Priestern gehalten, ein fünfter schnitt die Brust auf und riss das Herz heraus. Blut und Herz wurden in einer Urne verbrannt, der Körper wurde die Treppe hinuntergestoßen. Das Opfer war kein Feind, sondern ein Bote, der mit fast göttlicher Würde bekleidet zu den Göttern entsandt wurde. Das Fleisch des Toten wurde von einem tapferen Krieger gegessen, was ihn den Göttern näherbrachte. Dieser rituelle Kannibalismus scheint den Spaniern besonders abstoßend vorgekommen zu sein. „... Voller Grauen hatte Cortez bei seinem Besuch des Heidentempels auf der obersten Plattform der Götterpyramide die Schlachtstätte erblickt. Schaudernd hatte einer seiner Offiziere die Tausende gebleichter Menschenschädel zu zählen versucht, die auf einem weiträumigen Holzgerüst zur Schau gestellt waren Mit harten Worten fuhr (...) (er) jetzt den Herrscher (...) an, solchen Greuel aufzugeben und sich und sein Land unverzüglich zum Christentum zu bekehren. ...“ (Aus: Hans Ebeling, Die Reise in die Vergangenheit, Band III, Braunschweig, S. 61)
In Friedenszeiten veranstalteten die Azteken „Blumenkriege“. Das waren Wettkämpfe mit Nachbarstaaten bei denen die Verlierer geopfert wurden. So konnten sie auch in Zeiten des Friedens ihre „Sonnenopfer“ bringen.
Aber auch Freiwillige meldeten sich zur Opferung, die durch den Opfertod zu Göttern wurden.

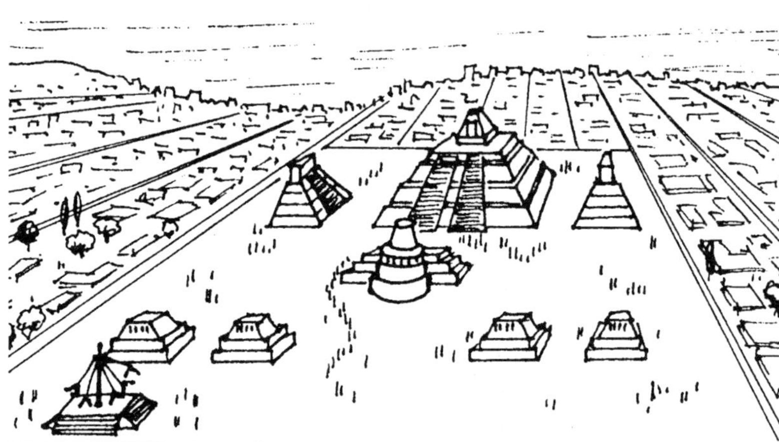

Für die Azteken war es eine große Ehre als Opfer oder im Krieg zu sterben, nur diese Helden vereinigten sich mit der Sonne und kehrten nach vier Jahren als Schmetterlinge oder Kolibris zurück. Alle anderen würden nach dem Tod nach Mictlan gehen, einem Ort der Dunkelheit, vergleichbar mit der Vorstellung der Hölle.

Aufgaben:
1. Warum opferten die Azteken Menschen?
2. Beschreibe die Wirkung dieses Rituals auf andere Völker.
3. Schreibe einen Bericht über den Opferkult an die unwissenden Landsleute in Spanien aus der Sicht eines Mitreisenden von Cortes.
4. Gibt es auch Greueltaten, die im Namen des Christentums begangen wurden.?

BVK LA 10 • Gisa Kirstein: Leben und Alltag im Zeitalter der Entdeckungen

Tenochtitlan – Hauptstadt der Azteken

Info:
Die Azteken ließen sich auf einer Insel im Texcoco-See nieder. Sie besaßen auf ihrer Insel nur wenig nutzbaren Boden. Diesen mussten sie also künstlich schaffen; sie taten es, indem sie auf dem Grund des Sees schwimmende Inseln aus Schilf und Erde, „chinampas“ genannt, verankerten. Dort betrieben sie Landwirtschaft. Durch die ständige Feuchtigkeit waren sie von Regenfällen völlig unabhängig, sie konnten mehrmals pro Jahr ernten und somit die größer werdende Bevölkerung gut ernähren.
Durch die Erschaffung weiterer chinampas entwickelte sich die Stadt Tenochtitlan. Es entstanden Wohngebiete und ein 183 m x 67 m großes Zentrum, wo die wichtigsten Tempel standen. Nach und nach bauten die Bewohner Deiche, um die Stadt mit dem Festland zu verbinden. Ihre Häuser hatten alle einen kleinen Vorgarten. Brücken überspannten die zahlreichen Wasserwege.
Drei Dämme führten quer über den See zur Hauptstadt. Zwischen den Straßen zogen sich Kanäle kreuz und quer durch die Stadt (ähnlich wie in Venedig). Alle Straßen wurden täglich durch Straßenkehrer sorgfältigst gesäubert. Auch die Häuser waren sehr sauber und verfügten fast alle über Kanalisation. Kot und Urin wurden von Sklaven eingesammelt und als Dünge- oder Gerbmittel verwendet.

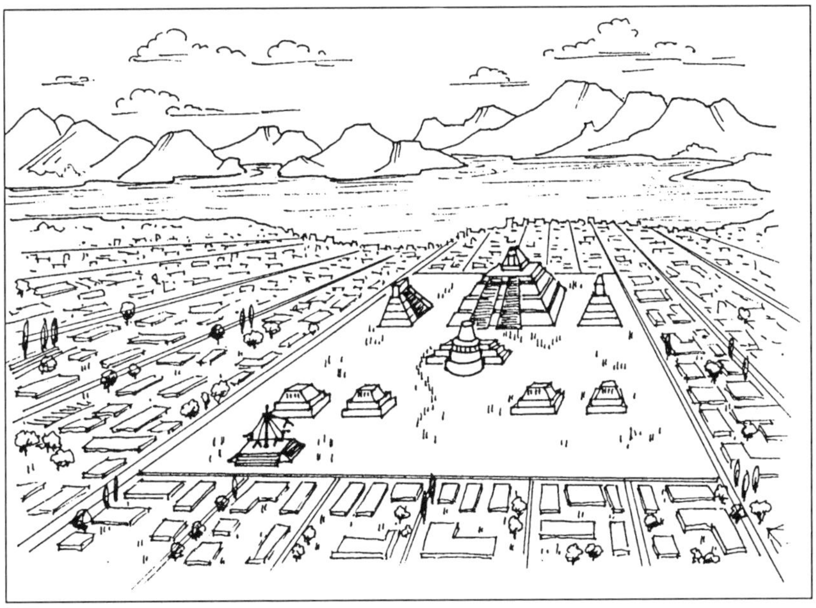

In der Mitte der Stadt lag der Tempelbezirk, beherrscht von der großen Pyramide, der zentralen Opferstätte. Sie bildete gleichzeitig die Mitte des Reiches.
„Bei ihrer Ankunft [...] sind die Spanier überaus beeindruckt von der Schönheit, Ordnung und Sauberkeit der Stadt, die mit ungefähr 300 000 Einwohnern eine der größten Metropolen ihrer Zeit ist. (Im 16. Jh. hatten selbst London und Rom weniger als 100.000 Einwohner. Anm. d. V.) Aber dieser günstige Eindruck verflüchtigt sich schnell, als sie das große Kultzentrum sehen. [...] Als die Spanier die blutbefleckten Stufen sehen, die zum Heiligtum Huitzilopochtlis führen, sind sie schockiert. Zudem werden sie von einem furchtbaren Geruch überfallen: Aus der Kultstätte schlägt ihnen Verwesungsgestank entgegen.“
(Serge Gruzinski: Die Azteken – Kurze Blüte einer Hochkultur, Otto Maier Ravensburg 1992, S. 51)

Aufgaben:
1. Beschreibe das Stadtbild von Tenochtitlan.
2. Nenne Unterschiede zur mittelalterlichen Stadt.
3. Was weißt du über deinen Wohnort oder eine Stadt in deiner Nähe? Informiere dich über Größe, Einwohnerzahl, historische Plätze ...

Malinche – Ein Frauenschicksal der Konquista

Info:
Zu Beginn der Eroberungsfahrten wird eine Frau aus der Neuen Welt zum unentbehrlichen Mittelpunkt für die Spanier – Malinnalli Tenepal, von den Indianern auch Malinche genannt. Dieser Name bedeutet Verräter. Die Ureinwohner beschuldigten sie, die eigene Kultur, das Land und die Leute ihres Volkes an die Spanier verraten zu haben. Denn sie setzte sich für die Ziele der Konquistadoren ein.
Sie ist eine sprachbegabte Frau, die neben ihrer Muttersprache Nahuatl (die Sprache der Azteken) auch die Sprache der Maya und bald schon die Sprache der Eroberer beherrscht. Sie wird als „Zunge“, d.h. als Dolmetscherin für den Eroberer Cortez unentbehrlich. Bei sämtlichen Begegnungen von Cortes und Moctecuzoma übersetzt sie die jeweiligen Gesprächsinhalte der Verhandlungen.

Bereits im Jahre 1518 wurde sie dem Kapitän der Katholischen Armada, Juan de Grijalva, auf der Fahrt von Kuba nach Yucatan, geschenkt. Sie war damals 13 Jahre alt und „von heiterem Wesen“. Begleitet von Zofen, die Hochzeitslieder sangen, wurde sie feierlich gekleidet auf das Schiff geführt. Dort wurde sie sofort getauft, ohne nach ihrem Willen gefragt zu werden. Noch in derselben Nacht wurde sie von Grijalva vergewaltigt. Nach der Rückkehr auf Kuba schenkte er das Mädchen seinem Schwager Portocarrero. Grijalva selbst kehrte auf Kuba zu seiner Ehefrau zurück.

Malinche sah Schlachten und Massaker mit an und galt als Eigentum der Eroberer. Als Portocarrero nach Spanien fuhr, nahm sich Cortez das Mädchen, um sie als „Zunge“ einzusetzen. Aber auch seine sexuellen Gelüste lebte er an ihr aus. „Als er bemerkte, daß die (...) Offiziere ihre Nähe suchten, um mit ihr zu sprechen, isolierte Cortez sie völlig, ...
... (Cortez beauftragte einen Mann), sie Tag und Nacht zu bewachen, sogar wenn sie ihre Notdurft verrichtete. Die Ereignisse bewirkten allmählich eine Veränderung im heiteren Charakter der jungen Frau. ... Sie wurde von Cortez schwanger, und als dieser es bemerkte, verheiratete er sie ... mit Juan Jaramillo, als dieser in einem Alkoholrausch seiner Sinne nicht mächtig war. ... Auch nach dieser ... angeordneten Heirat mußte sie ständig bei allen (Fahrten) und Kämpfen an seiner Seite bleiben, um ihm als „Zunge“ zu dienen. (Sie wurde weiterhin ständig bewacht.)
(aus: Julia Esquivel V., Die eroberte und vergewaltigte Frau; in: Christliche Initiative Romero (Hrsg.), Münster 1991, S.51).

Cortez musste sich wegen unzähliger Anschuldigungen vor Karl V. in Spanien verteidigen und entführte zuvor den Sohn von Malinche (der auch sein Sohn war).
Malinche hatte noch eine Tochter mit Jaramillo. Für den Prozess gegen Cortez sollte Malinche als Zeugin aussagen. Am 24. Januar 1529 wurde Malinche mit dreizehn Stichen in ihrem Haus ermordet, fünf Tage vor Beginn des Verfahrens. Ihre Tochter war damals zwei Jahre alt.

Aufgaben:
1. Beschreibe das Leben der Malinche.
2. Warum wurde sie von ihrem Volk „Verräterin“ genannt?
3. Warum ermordete man sie?

Die Spanier kämpfen verbissen um das Aztekenreich

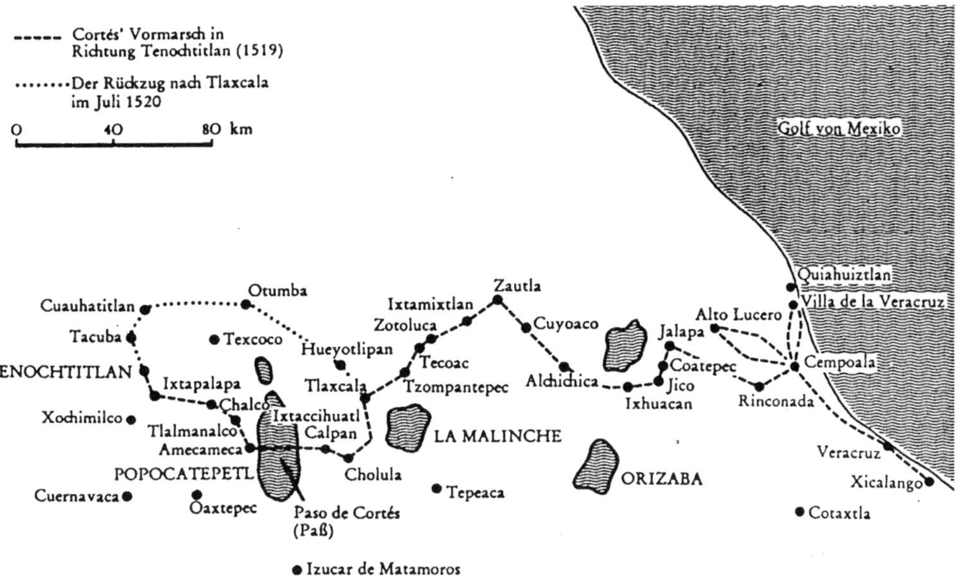

Cortez hatte Glück. Neue Schiffe aus Kuba brachten Verstärkung. Nun sollte das Land endgültig unterworfen werden. Mit 600 Fußsoldaten, 40 Reitern, 80 Feuergewehren und 9 Geschützen brach er auf. Zunächst quartierte er am Ostufer des Sees und unterwarf die Nachbarstädte und -dörfer. Er versperrte die Zufahrtswege und Dämme der Hauptstadt, wo jetzt der neue Herrscher Quantemoc regierte. Im Gebirge ließ Cortez eine Flotte erbauen – 13 Schiffe wurden von eingeborenen Trägern hinunter an den See getragen und dort zusammengebaut.

Im Mai 1521 griff Spanien an: „ ... (es) begann der Angriff auf die Hauptstadt – über alle vier Dämme hinweg, die Tenochtitlan mit dem Seeufer verbanden, und vom Wasser aus, den Kriegsschiffen her. Die Wasserleitungen, die das Trinkwasser in die Stadt brachten, wurden von den Spaniern zerstört. Bald brachen Seuchen in der belagerten Festung aus, da man nur brackiges Wasser hatte und die Toten nirgends bergen konnte. Der Hunger zermürbte die Krieger, die Hunderttausende, die dicht zusammengedrängt die eingeschlossene Hauptstadt bevölkerten. Aber verzweifelt wehrten sich die Azteken. Es gab für sie nur eine Wahl: Vernichtung der schrecklichen Eindringlinge oder eigenen Untergang.

Doch auch Cortez wußte, was auf dem Spiele stand, wenn er den Sieg nicht errang. Schaudernd sah er mit seinen Männern von ferne zu, wie die Gefangenen, die von den Azteken dafür aufgesparten Kameraden, auf der obersten Plattform des Götterberges von den Aztekenpriestern zum Opfer für Huitzilipochtli geschlachtet wurden.
Tagelange, wochenlange erbitterte Kämpfe auf den Dämmen, um die Brücken, an den Toren, in den Straßen und auf den Plätzen der Stadt. Immer neue Angriffe, Erfolge und Rückschläge! Endlich, am 13. August 1521, ergab sich die erschöpfte, ausgeblutete Stadt. Alle Bewohner wurden aus ihr vertrieben, sämtliche Häuser durch Feuer zerstört.
Cortez war endgültig Herr des aztekischen Reiches. Das Land Mexiko wurde eine spanische Kolonie." (aus: Hans Ebeling, die Reise in die Vergangenheit, Band III, S. 67f)

Aufgaben:
1. **Beschreibe den Weg Cortez anhand der Karte und zeichne die Route farbig nach.**
2. **Erkläre den Untergang des Aztekenreiches. Nenne Ursachen und Gründe.**
3. **Du bist Soldat im Krieg im Aztekenreich. Schreibe einen Brief an deine Familie (Frau und Kinder) und schildere den Kriegsverlauf, deine Wünsche, Sorgen ...**
4. **Suche im Atlas weitere Kolonien Spaniens und anderer europäischer Länder heraus.**

„Die Indianer starben wie die Fliegen“

Info:
Noch ehe die Spanier uns angriffen, breitete sich eine große Krankheit aus, die Pocken. Einige waren wie mit einer Kruste überzogen, überall hin legte sich der Ausschlag, auf das Gesicht, auf den Kopf, auf die Brust. Es war eine verderbliche Krankheit, es starben viele daran. Sie konnten nicht mehr gehen, sie konnten sich nicht bewegen, nicht mehr gehen, sie konnten sich nicht bewegen, nicht rühren, sich nicht auf die Seite legen. Und wenn sie sich bewegten, schrien sie sehr. Viele Menschen starben daran, und viele starben vor Hunger. Denn niemand kümmerte sich mehr um die Kranken, niemand gab sich mehr mit ihnen ab.

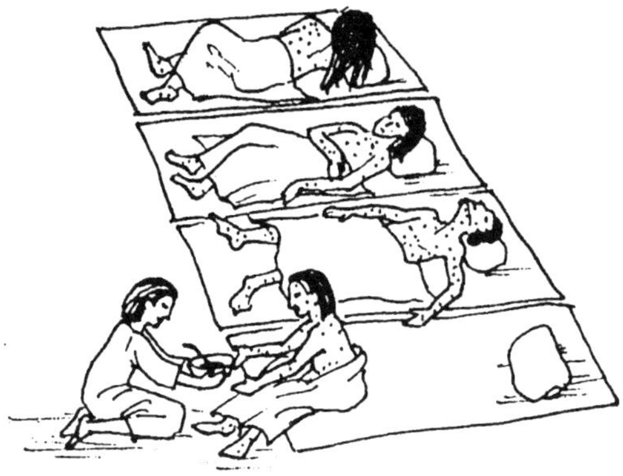

(Text aus: Karl Braun (Hg.), Sie suchen nach dem Gold wie Schweine, AS-Verlag Tübingen 1982, S. 131.)

„... Die Bakterien und die Viren waren die wirksamsten Verbündeten (im Kampf gegen die Azteken). Die Europäer brachten die Blattern und den Wundstarrkrampf, verschiedene Lungen-, Darm- und Geschlechtskrankheiten, das Trachom (langwierige Virusinfektion des Auges), den Typhus, die Lepra, das gelbe Fieber und die Zahnfäule, die den Mund zerfraß, wie biblische Plagen mit. Die Blattern kamen zuerst. (Es ist) ... eine unbekannte und ekelerregende ansteckende Krankheit, die Fieber entzündete und das Fleisch zersetzte, ...
Die Indianer starben wie die Fliegen, ihre Organismen waren den neuen Krankheiten gegenüber wehrlos. Und die, die überlebten, blieben für den Rest ihres Lebens geschwächt und untauglich. ...“
(aus: Christliche Initiative Romero (Hrsg.): Werkmappe 1492 – 1992, Münster 1991, S. 4)

Bevölkerungsentwicklung

Jahr	Erdbevölkerung	davon in Amerika	davon in Mexiko
1500	ca. 400 Millionen	80 Millionen	25 Millionen
Mitte des 16. Jhs.	ca. 330 Millionen	10 Millionen	01 Million

Aufgaben:
1. Erkläre den Verlauf der Pocken-Krankheit.
2. Wie schützen wir uns heute vor den genannten Krankheiten?
3. Erkundige dich im Reisebüro oder beim Arzt über Krankheiten in außereuropäischen Gebieten und einen Schutz für Urlauber.
4. Erkläre den Verlauf der Bevölkerungsentwicklung und nenne die Ursachen.

Das Leben der Indianer nach der Eroberung in der Silberstadt Potosi

Info:
Die Europäer benötigten Edelmetalle, die sie als Zahlungsmittel für den Handel einsetzten. Denn die europäischen Silberadern Böhmens, Sachsens und Tirols waren fast erschöpft.

Zwischen 1545 und 1558 wurden ergiebige Silberminen entdeckt – darunter auch in Potosi im heutigen Bolivien. Hier wurden zwischen 1503 und 1660 185.000 kg Gold und 16 Millionen kg Silber in den Hafen transportiert.

„ ... Montags früh, wenn es hell wird, werden sie (die Indianer) dann wieder unter Tage getrieben und arbeiten sich kokakauend mit Brechstangen hinter den Silberflözen her, diesen grünlichweißen Schlangen, die in den Eingeweiden des licht- und luftlosen ungeheuren Bergschoßes plötzlich auftauchen und sich wieder verflüchtigen. Eine ganze Woche lang leisten die Indios dort unten Sträflingsarbeit, atmen lungenzerfressenden Staub ein und kauen Koka, was ihren Hunger betäubt und über die Erschöpfung hinwegtäuscht, ohne dabei zu wissen, wann es Tag und wann es Nacht ist, bis endlich am Samstag zum Gebet und zur Auffahrt geblasen wird. Dann tasten sie sich mit brennenden Kerzen mühsam nach oben und gelangen erst am Sonntag früh ins Licht, so tief sind die Stollen und so endlos die Gänge und Galerien. ...“
(aus: Eduardo Galeano, Erinnerungen an das Feuer, Bd. 1, Wuppertal 1984, S. 214f; in: EMW, Unentdecktes Amerika, Hamburg 1992, S. 40f)

„..., und das Ein- und Ausfahren [ist] wegen der häufigen Erdrutsche und des Steinschlags äußerst gefährlich; viele sind durch herabfallendes Gestein schon übel zugerichtet oder gar getötet worden. Manche rutschen auch auf den aus Lederriemen gefertigten Leitern aus, und wenn einem Vorausgehenden etwas aus der Hand fällt oder er durch irgendein Mißgeschick ausgleitet, verletzt oder tötet er die hinter ihm Gehenden. So werden jede Woche mindestens sieben oder acht Bergarbeiter verletzt, erleiden Bein-, Arm- oder Schädelbrüche oder Verletzungen am ganzen Körper. Alle zwei Wochen werden ein bis zwei tödliche Unfälle bekannt, ganz abgesehen von jenen Vermißten, die wohl zerschmettert am Grunde des Schachtes liegen. Darüber hinaus gibt es oft Unfälle mit 30 oder 40 Toten, wenn ein Teil des Bergwerks einstürzt und die Arbeiter verschüttet. Manche werden bei lebendigem Leib begraben, und von benachbarten Stollen nimmt man ihnen mit lauten Rufen die Beichte ab. ...“ (aus: EMW, Arbeitsheft Weltmission 1992, Hamburg 1992, S. 28)

Aufgaben:
1. Beschreibe das Leben der Männer in dem Bergwerk.
2. Benenne die Gefahren der Arbeiter.
3. Als spanischer Aufseher im Bergwerk schreibst du einen Brief an den spanischen Hof und forderst bessere Bedingungen für die indianischen Arbeiter. Begründe deine Forderungen!

Die Kirche greift weiter ein

Info:
Ein Ziel war aus den Indianern spanische Untertanen zu machen und alle „heidnischen“ Völker (= Nichtchristen) zum christlichen Glauben zu bringen. Dazu musste deren alte Kultur völlig zerstört werden. Alle Tempel wurden eingerissen, alle Bilderschriften vernichtet. Die Missionare predigten in Indianersprache und gründeten Schulen. Dabei bekämpften sie den Glauben der Indios als Götzendienst. Diese Umerziehung zu gehorsamen Untertanen durch Gewöhnung an die spanische Lebensweise wurde oft mit Gewalt gegen den Willen der Indios durchgeführt. Einige Indios ließen sich lieber töten als taufen.

Ein Fürsprecher der Indianer war der Dominikaner und Bischof Bartolome de Las Casas (1474 - 1566), der später „Apostel der Indianer“ genannt wurde. Er beklagte sich über das spanische Verhalten und ergriff Partei für die Indianer. Sein Engagement für die Rechte der Indianer führte zur Formulierung von Indianerschutzgesetzen.
In einem Brief an den Hof von Madrid schrieb er: „Als nun die Kriege ... geendigt, (...) und nur noch Jünglinge, Weiber und Kinder übrig gelassen waren, so fingen die Spanier an, dieselben unter sich zu verteilen ... Die (...) Seelensorge (...) bestand darin, daß sie die Mannspersonen in die Bergwerke schickten, um Gold zu graben ... Die Weibsleute aber schickten sie auf ihre (...) Stationen oder Meiereien, wo sie den Feldbau besorgen mußten. Sie mußten die Erde ... mit Phählen ..., die im Feuer gehärtet waren, aufbrechen. (Allen) ... gaben sie nichts zu essen als Kräuter (...), die keine Kraft haben. Säugenden Müttern vertrocknete die Milch in den Brüsten, und in kurzer Zeit starben alle kleinen Kinder dahin. Die Männer mußten abgesondert leben ... Mithin hörte die Fortpflanzung gänzlich auf. Die spanischen Aufseher ... ließen ihnen (den Männern in den Bergwerken) bei Tag und Nacht nicht einen Augenblick Ruhe. Sie gaben ihnen Stock- und Rutenhiebe, Ohrfeigen, Peitschenschläge, Fußtritte und nannten sie nie anders als Hunde. ...“ (Las Casas: Bericht über die Verwüstung der Westindischen Länder, 1981, S. 23).

Indianergesetze zur Sicherung der Lebensrechte

Aufgaben:
1. Beschreibe die Behandlung der Indianer.
2. Bewerte die Behandlungen der Indianer durch die Spanier unter Beachtung der Menschenrechte.
3. Notiere fünf Gesetze in den Kasten, die das Leben der Indianer verbessert hätten.

Aus der Sicht der „entdeckten Indianer“

„Ich persönlich weiß nicht, wie die Geschichte von denen geschrieben wird, die unser Land angegriffen haben. Doch ich höre Gerüchte, dass die Spanier davon reden, sie hätten neues Land entdeckt.
Aber ich sage Euch: Spanien hat nichts entdeckt, sie haben uns angegriffen, sie haben unser Land besetzt, sie haben uns umgebracht.“
(Mündliche Überlieferung aus Kuna, in Werkmappe 1492-1992, Hsg.: Christliche Initiative Romero, Münster 1991, S.31)

Yara Hatuey, 1511:
... Hatuey, der Indianerhäuptling in der Guahaba-Region, beging nicht Selbstmord. Er floh mit den Seinen auf einem Kanu von Haiti und tauchte in den Höhlen und Wäldern Ostkubas unter.
Dort zeigte er auf einen Korb Gold und sagte:
- Das ist der Christengott. Seinetwegen verfolgt man uns. Seinetwegen mußten unsere Eltern und Geschwister sterben. Tanzen wir ihm etwas vor! Wenn ihm unser Tanz gefällt, gebietet dieser Gott, dass man uns nicht misshandelt.
Drei Monate später wird Hatuey ergriffen. Er wird an einen Pfosten gebunden. Bevor das Feuer entfacht wird, das ihn zu Asche und Kohle verbrennen soll, verspricht ihm ein Priester Seligkeit und ewigen Frieden, falls er sich taufen lässt.
- Kommen in diesen Himmel auch die Christen?
- Ja.
Hatuey entscheidet sich für die Hölle und das Brennholz beginnt zu knistern.
(Aus: Eduardo Galeano, Geburten. Erinnerung an das Feuer 1, Wuppertal 1983, S. 77; in: Hrsg: Christliche Initiative Romero, ... S. 23.)

Aufgaben:
1. Wie beschreiben die Betroffenen die Geschichte ihres Volkes?
2. Beurteile die Konquista aus der Sicht der „Eroberer“ und „Eroberten“.

Piraten und Freibeuter riechen fette Beute

Sir Francis Drake (1543 - 1596), der berühmteste Seefahrer und Freibeuter (kämpften, raubten und mordeten im Auftrag ihres Herrschers, der ihr Handeln durch Kaperbriefe (Vollmacht) unterstützte. Anm. d. V.) Englands, war die meiste Zeit seines Lebens auf hoher See. Zunächst war er Schiffsjunge auf einem Küstenschiff, doch bereits 1567 bereiste er als Kapitän die Meere in Richtung Amerika. Der spanische König Philipp II. beschloss die spanische Vorherrschaft in der Neuen Welt mit Waffengewalt zu verteidigen und die Einwanderung von Siedlern aus anderen europäischen Ländern zu unterbinden. Als Drake im Atlantik auf eine spanische Karavelle stößt, greift er das Schiff an, erbeutet die Ladung und versenkt es im Ozean.

Der Seekrieg zwischen England und Spanien begann. Nach außen hin missbilligte die englische Königin Elisabeth I. die Taten, insgeheim aber unterstützte sie ihre Piraten und stellte ihnen sogar Schiffe der „Royal Navy“ zur Verfügung. Dafür erhielt sie von jeder Beute einen Teil für die Staatskammer.

Wegen seiner Raubzüge in der Karibik und in Mittelamerika nannten ihn die Spanier „El Draco“ – der Drache.

1577 begab sich Drake mit fünf Schiffen auf eine Erkundungsfahrt in das „Meer des Südens“. Er umsegelte die Inselgruppe Feuerland und fuhr dann die Pazifikküste aufwärts. Unterwegs plünderte er Städte und kaperte Schiffe. Auf der Suche nach einem Weg von dem Pazifik zurück in den Atlantik segelte er bis nach Nordkalifornien, das er „New Albion“ nannte. Nun segelte er westwärts durch den Indischen Ozean und um Afrika herum. 1580 kehrte er beladen mit Reichtümern aller Art nach Plymouth / England zurück. Ihm gelang 50 Jahre nach Magellan die zweite volle Erdumsegelung. Zur Belohnung wurde er 1581 durch die Königin zum Ritter geschlagen.

Aufgaben:
1. Erkläre die Haltung der englischen Königin.
2. Nenne Gefahren, denen die Piraten ausgeliefert waren.
Wahl:
Zeichne die Szene des Ritterschlages in den Kasten, oder schreibe einen Brief als königlicher Beamter an die Herrscherin, in dem du deine Sorgen über außenpolitische Folgen ihres Handelns ausdrückst.

James Cook in geheimer Mission

Info:
James Cook sollte im Auftrag des englischen Königs Georg III. im Jahre 1768 eine Expedition durchführen und offiziell den Durchgang der Venus am 3. Juni 1769 beobachten. Man erhoffte dadurch die Entfernung zwischen Erde und Sonne genauer bestimmen zu können. Insgeheim hatte er die Aufgabe einen südlichen Kontinent zu suchen, der in der Nähe des von Tasman entdeckten Landes „Neu-Seeland" vermutet wurde.

Cook stach mit dem Schiff Endeavour und einer Besatzung von 94 Mann in See, davon waren 11 Wissenschaftler.

Am 14. Juli 1769 notierte Cook Folgendes in sein Logbuch: „ ... Mr. Gore, welcher sich ins Land begab, schoß eines der ... Tiere; es war ein kleines dieser Sorte und wog ohne Eingeweide nur 28 Pfund. Das Haupt, der Hals und die Schultern dieses Tieres waren sehr klein im Verhältnis zu den anderen Teilen. Der Schwanz war fast so lang wie der Körper, er war dick am Rumpfe und wurde seinem Ende zu dünner; die Vorderbeine maßen 8 Inches (ein Inch ist ca. 25 mm. Anm. d. V.) und die hinteren 22. Seine Fortbewegung erfolgt durch Hüpfen oder Springen, und jeder Sprung beträgt 7 oder 8 Fuß (ein Fuß ist ca. 31 cm. Anm. d. V.), wobei es nur die Hinterbeine benützt, und die vorderen haben daran keinen Anteil; diese scheinen nur zum Kratzen in der Erde etc. zu dienen. Die Haut ist von einem kurzhaarigen Pelz von dunkler Mausfarbe oder grauer Farbe bedeckt. Mit Ausnahme nur des Kopfes und der Ohren, welche, wie ich meine, an den Hasen erinnern, weist es keinerlei Ähnlichkeiten mit irgendeinem europäischen Tier auf, das ich je gesehen ..." (Dr. Price (Hrsg.): Captain James Cook, Entdeckungsfahrten im Pacific, Die Logbücher der Reisen 1768 - 1779; Bergisch Gladbach 1979, S. 117).

Aufgaben:
1. Welchen Kontinent soll Cook entdecken?
2. Welches Tier sieht er zum ersten Mal? Male es in den Kasten oder klebe ein Bild dort hinein!
3. Informiere dich über die Lebensgewohnheiten und Besonderheiten dieses Tieres und stelle sie den Beschreibungen von Cook gegenüber.

Entdecker aus unterschiedlichen Epochen

Aufgaben:

1. Schneidet die Puzzlestücke aus und klebt zwei Bilder daraus.
2. Sucht passende Überschriften zu den Bildern.
3. Betrachtet die Personen und auch ihr Verhalten.
   Erklärt Übereinstimmungen, Ähnlichkeiten, Absichten ...

Wahl:

Was könnten die Menschen von morgen entdecken? Nenne für uns unbekannte Orte, über die du Näheres wissen möchtest. Reise in die Zukunft und schreibe einen Bericht über eine mögliche Entdeckung und illustriere sie.

BVK LA 10 • Gisa Kirstein: Leben und Alltag im Zeitalter der Entdeckungen

Picknicken vor und nach den Entdeckungen

Aufgaben:

1. Markiere die Waren der Neuen Welt farbig.
2. Welche dieser Früchte sind bei uns heimisch geworden?
3. Auf welche Früchte / Speisen würdest du ungern verzichten?
4. Stöbere in eurer Küche nach Gewürzen, die nicht typisch europäisch sind und liste sie auf.

BVK LA 10 • Gisa Kirstein: Leben und Alltag im Zeitalter der Entdeckungen

Tempelbau der Azteken

Baue einen aztekischen Tempel, gehe folgendermaßen vor:

1. Male die angedeuteten Steine naturgetreu aus, benutze für die anderen sichtbaren Elemente geeignete Farben.
2. Schneide entlang der äußeren Linien.
3. Falte entlang aller gestrichelten und inneren Linien.
4. Klebe jeden Baustein für sich zusammen. Dabei musst du alle weißen Felder mit einem Klebestift bestreichen. (Achtung: das Feld mit der Angabe „oben“ bleibt kleberfrei!)
5. Benutze eine feste Unterlage (z. B. eine Pappe) und klebe zuerst die Ebene 1 darauf.
6. Klebe nun die Ebene 2 auf die Ebene 1. Achte darauf, dass der Tempel wie eine Pyramide aussieht. Die Abstände der vier Seiten müssen überall gleich sein.
7. Klebe nun Ebene 3 auf Ebene 2 und achte auch hier auf die Besonderheiten wie unter Punkt 6.
8. Klebe nun die Tempelspitze in die Mitte der Ebene 3.
9. Schneide alle vier Treppen aus und falte sie wie angegeben.
10. Klebe nun jeweils eine Treppe in die Mitte der drei Ebenen auf. Wiederhole diesen Vorgang auch bei den anderen Seiten.

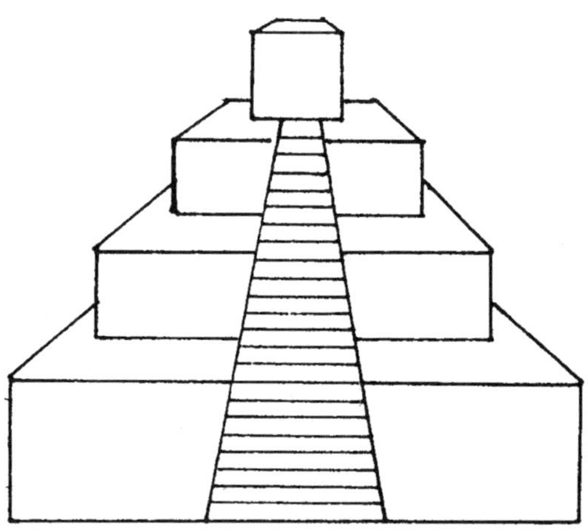

Ansicht des fertigen Tempels

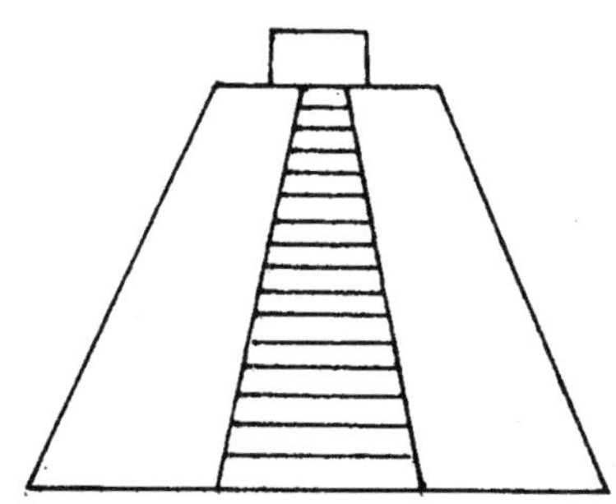

Teilansicht Treppenbau

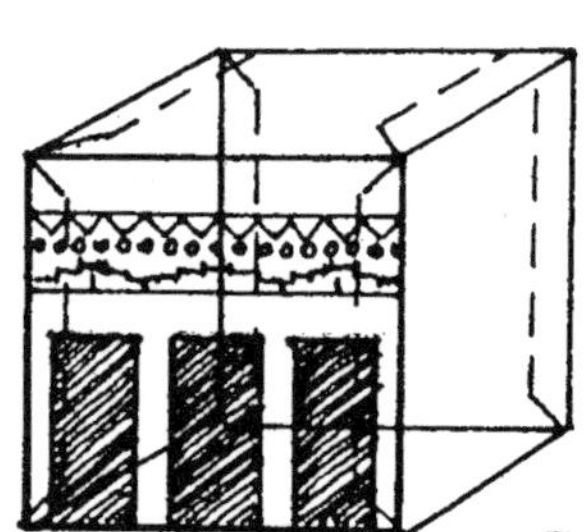

Ansicht fertige Tempelspitze

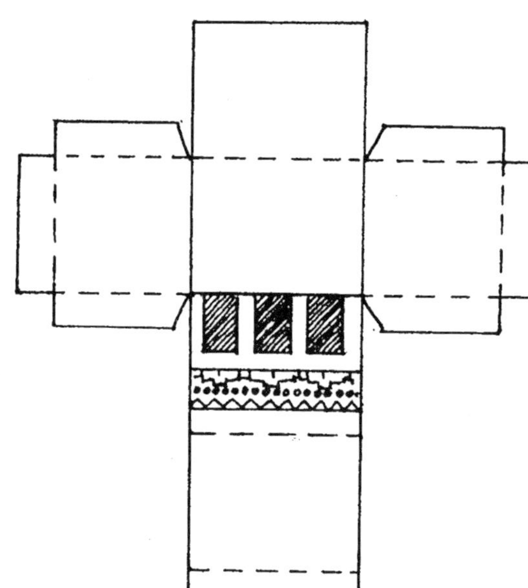

Tempelspitze

BVK LA 10 • Gisa Kirstein: Leben und Alltag im Zeitalter der Entdeckungen

Tempelbau der Azteken II

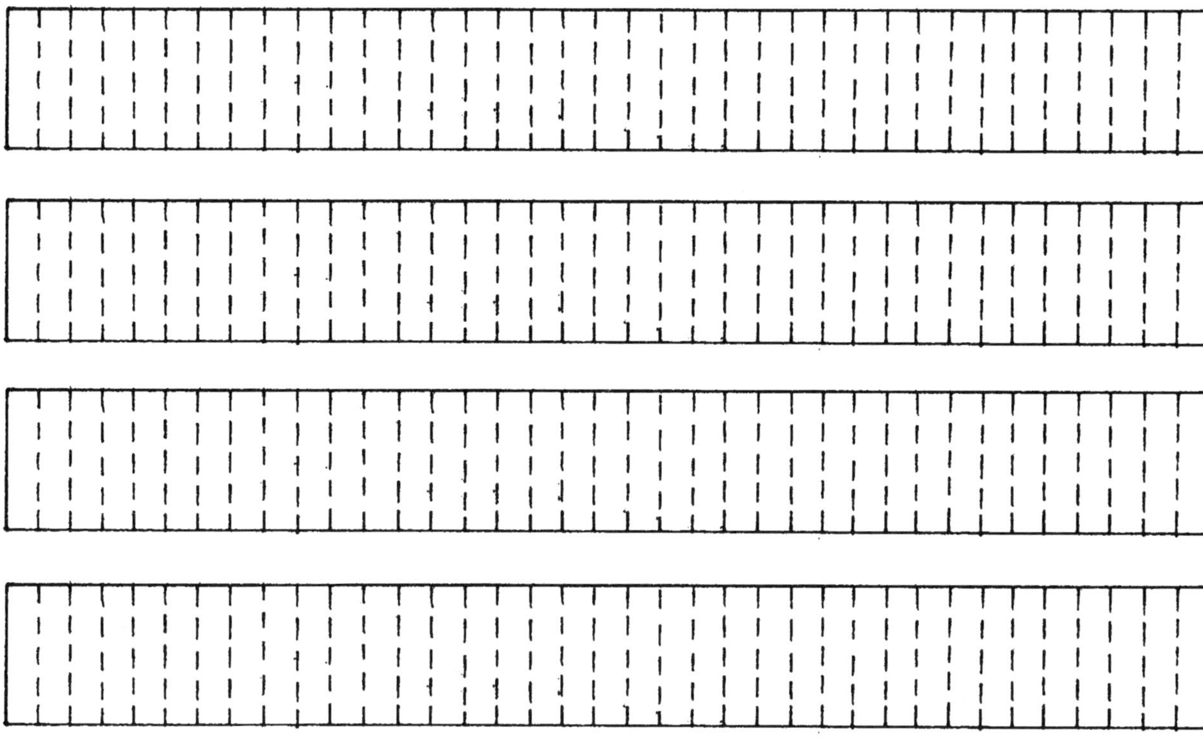

BVK LA 10 • Gisa Kirstein: Leben und Alltag im Zeitalter der Entdeckungen

Tempelbau der Azteken III

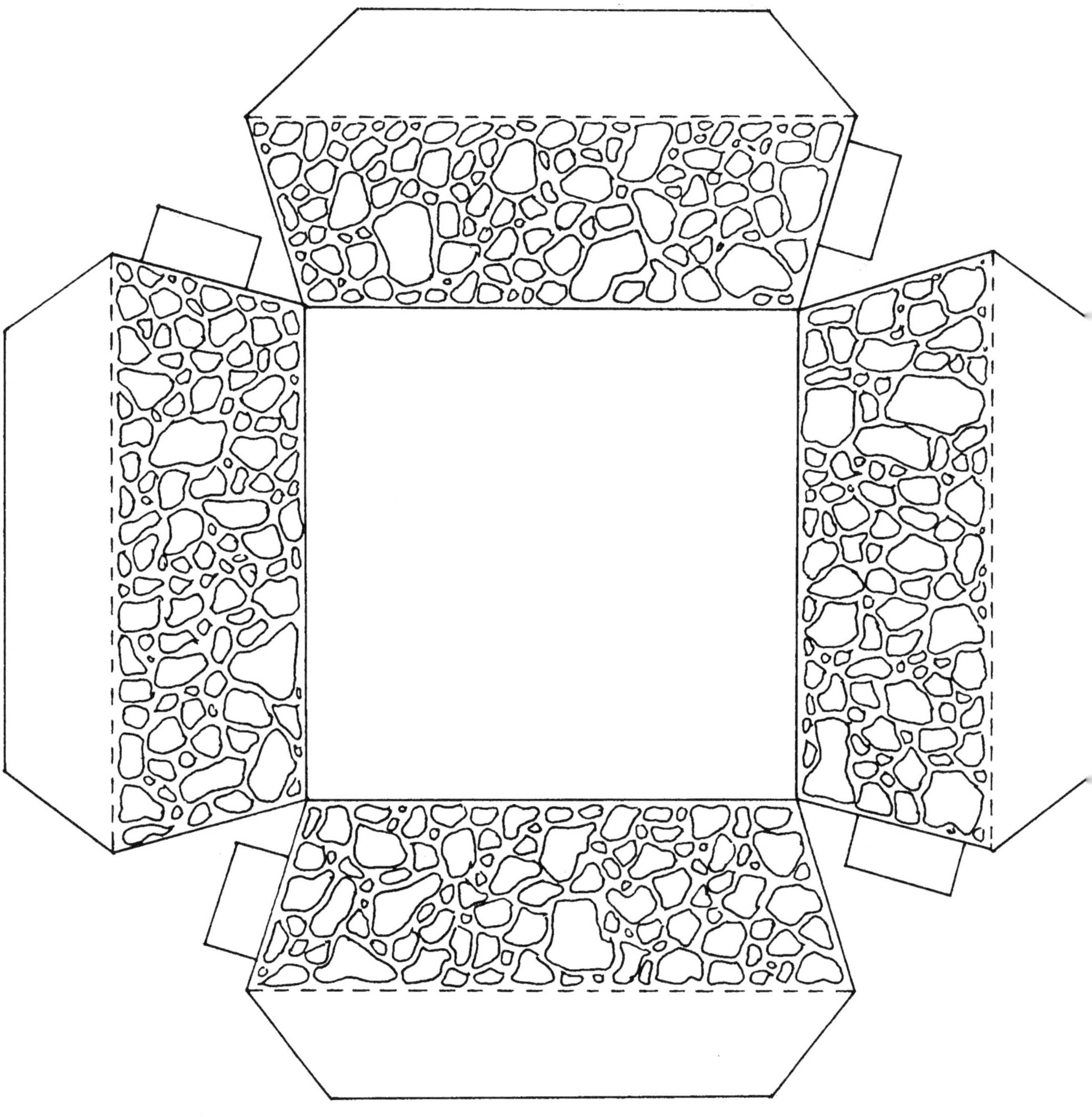

BVK LA 10 • Gisa Kirstein: Leben und Alltag im Zeitalter der Entdeckungen

Tempelbau der Azteken IV

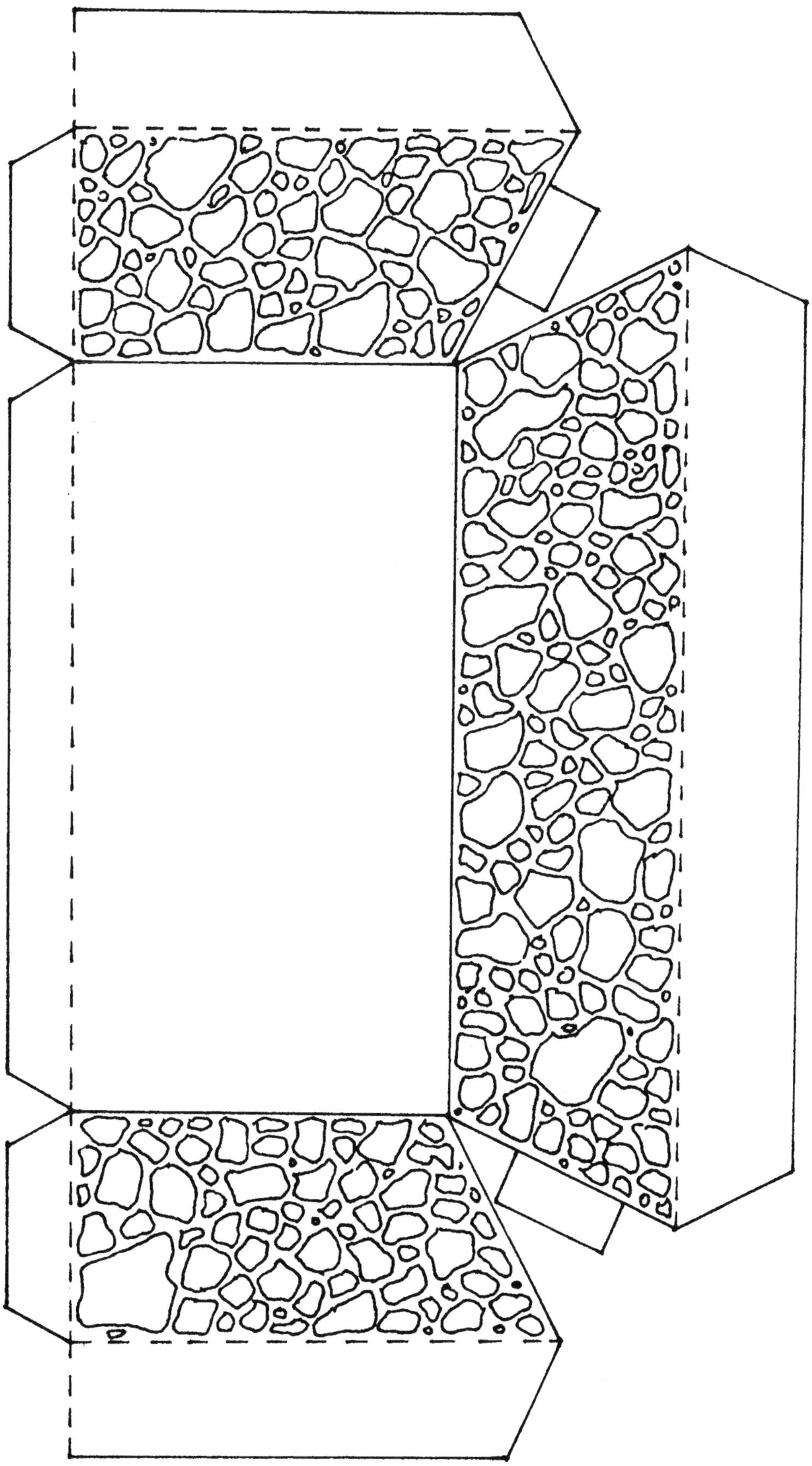

BVK LA 10 • Gisa Kirstein: Leben und Alltag im Zeitalter der Entdeckungen

Tempelbau der Azteken V

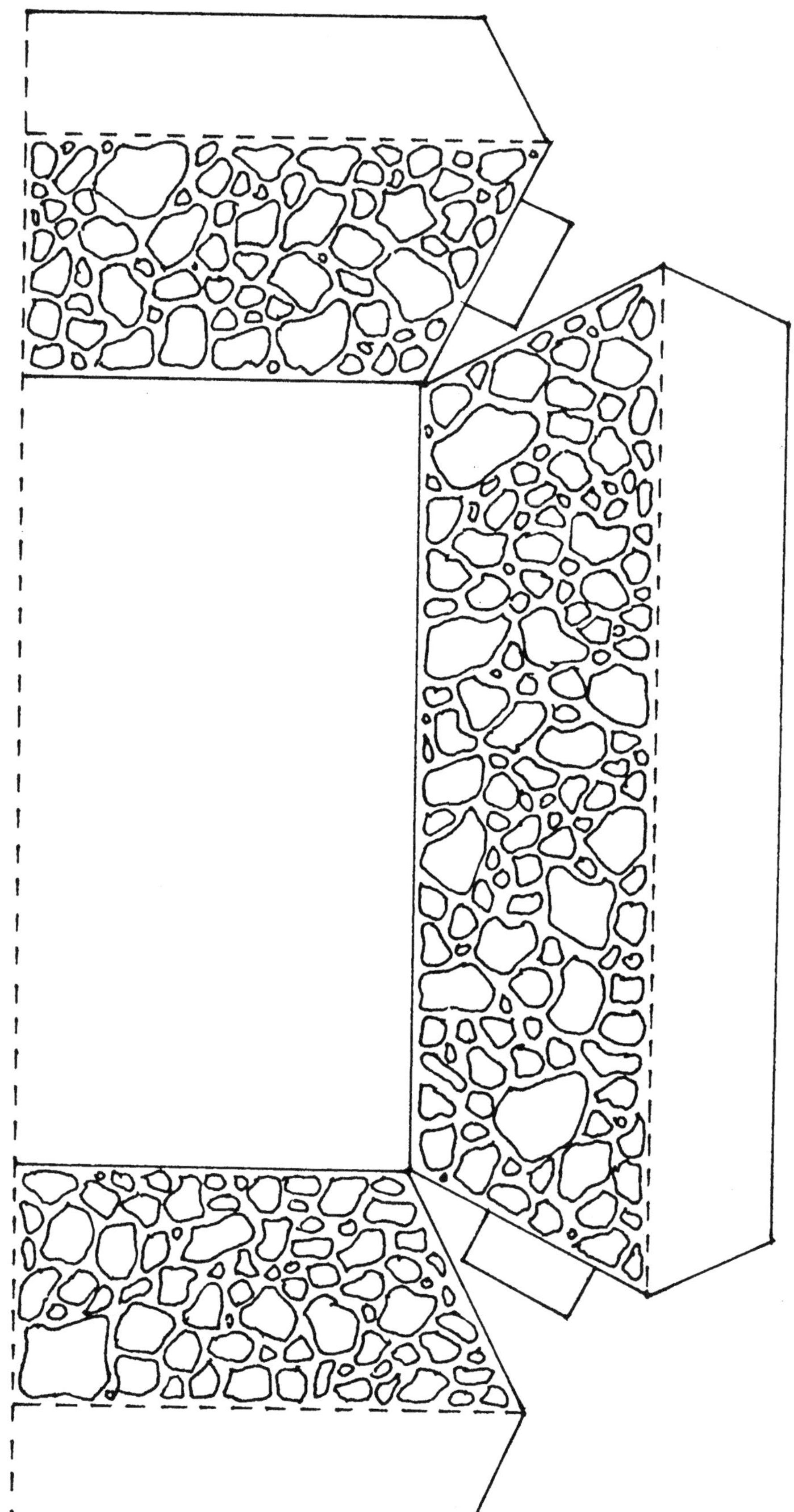